Vegan Kochen Ukraine

Vegan Kochen Ukraine

LUKAS JAKOBI
KATERYNA KUPRYCH

HERAUSGEGEBEN VON
NIKO RITTENAU

FOTOGRAFIERT VON
OLGA UND EVGENIYA DRACH

ventil

Die Reihe »Vegan Kochen« erscheint in Zusammenarbeit
mit Deutschlands größtem veganen Nachrichtenportal

VeganNews

www.vegan-news.de
www.instagram.com/vegannews_de
www.facebook.com/vegannews.de

Fotografien: Olga & Evgeniya Drach, außer: S. 20a, 20b: CC BY-SA 3.0; S. 23: Tikiro/shutterstock.com; S. 24: Victoria Sergeeva/shutterstock.com, Oliver Schmitt; S. 32a/b: Stely Nikolova/shutterstock.com; S. 32c: kireewong foto/shutterstock.com; S. 32e–h: New Africa/shutterstock.com; S. 32i: witty food/shutterstock.com; S. 32j: Supergal/shutterstock.com; S. 32k: Ekaterina Mamontova M2K/shutterstock.com; S. 32l: Charlotte Lake/shutterstock.com; S. 32m–p, 52–54: Tatevosian Yana/shutterstock.com; S. 37: Beautyimage/shutterstock.com; S. 44: Sunnydream/shutterstock.com, Oliver Schmitt; S. 45: Brent Hofacker/shutterstock.com; S. 46a: nelea33/shutterstock.com; S. 46b: gresei/shutterstock.com; S. 46c: kai keisuke/shutterstock.com; S. 51: Vovkina/shutterstock.com; S. 55: Damian Pawlos/shutterstock.com

Edition Kochen ohne Knochen

ISBN 978-3-95575-191-3
1. Auflage 2022

Layout und Satz: Oliver Schmitt
Gesetzt aus: Meta, Meta Serif und EB Jessica
Druck und Bindung: Grafisches Centrum Cuno, Calbe

Ventil Verlag, Boppstr. 25, D-55118 Mainz
www.ventil-verlag.de

Inhalt

Vorwort 9

Das Team 12

Einführung in die ukrainische Kulinarik 14

Kernelemente ukrainischer Küche 17
Der Brotkorb Europas 18
Borschtsch – das ukrainische Nationalgericht 21
Das Konzept des Meal-Sharings 25

Warenkunde aus ernährungswissenschaftlicher Sicht 30

Öle und Fette 33
Getreide und Mehl 40
Umami-Gewürzzubereitungen 44
Sprossen und Microgreens 50

Rezepte – Ukrainische Klassiker veganisiert 56

Basics: Pasten, Dips, Saucen und mehr 58

Aquafaba-Schnee 61
Auf Salz gegarte Rote Bete 62
Vegane Mayonnaise 62
Röstzwiebeln 63
Gemüsebrühe-Paste 65
Vegane Ponzu-Sauce 66
Oliven-Kapern-Paste 67
Geräuchertes Öl 67
Bilochka-Salat 69
Auberginen-Ikra 70
Adjika 71
Gepickeltes Gemüse 73

Salate und Suppen 74

Gebratenes Sauerkraut mit Paprika und Trauben **77**

Schmorgurken-Salat **79**

Buchweizen-Tomaten-Salat **81**

Kartoffel-Erbsen-Salat mit weißem Spargel **83**

Rote-Bete-Tatar **85**

Rote-Bete-Salat »Schuba Art« **87**

Salat von gepickelten Beten **88**

Rotkohlsalat mit Roter Bete und Cranberries **89**

Salat »Olivier« **91**

Gebratener Krautsalat **93**

Rote-Bete-Holunder-Kaltschale **95**

Borschtsch **97**

Buchweizensuppe **99**

Bograch **101**

Kartoffel- und Getreidegerichte 102

Varenyky **105**

Kartoffel-Zrazy **107**

Grechanyky **109**

Gretschnewaja Kascha **111**

Oladky mit Rote-Bete-Dip **113**

Pfannenbrot mit Gewürzbutter **115**

Halušky mit Birne und Erbsen **117**

Buchweizen-Arancini **119**

Deruny mit Apfel-Chutney und Feldkaviar **121**

Gemüse-Plov **123**

Herzhaftes Banosh **125**

Süßsaure Apfel-Zwiebel-Kascha **127**

Gemüse- und Hülsenfruchtgerichte **128**

Tofu »Soljanka Art« **131**

Golubtsy **133**

Ofenpastinake mit Dill-Chimichurri **135**

Weiße-Bohnen-Ragout mit Räuchertofu **137**

Gefüllte Paprika nach ukrainischer Art **139**

Gebackener Blumenkohl **141**

Knollensellerie-Schaschlikspieße mit Adjika-Dip **143**

Gebratener Baby-Brokkoli mit Birnenragout **145**

Rote Bete Stroganoff **147**

Gebrannter Spitzkohl mit Birnen-Walnuss-Mayonnaise **149**

Erbsenflan mit Rettichsalat **151**

Gebäck und Süßes 152

Pyrizhky **155**

Pampuschky **157**

Bublyky-Kastenbrot **159**

Kalyta **161**

Nussbruch **163**

Schokoladenkekse **165**

Nussmakronen **167**

Oladky **169**

Nalysnyky **171**

Kirschgrütze mit Tonkabohnen-Joghurt **173**

Süße Varenyky **175**

Holunder-Zitronen-Granita auf Beeren-Estragon-Salat **177**

Sauerkirsch-Birken-Pudding mit Erdbeer-Minze-Salat **179**

Vorwort

von Niko Rittenau

Das vorliegende Buch ist für mich als Herausgeber in vielerlei Hinsicht etwas Besonderes. Zunächst einmal deshalb, weil der Grundgedanke dieses Buchs von Beginn an war, nicht einfach nur ein Kochbuch zu einer x-beliebigen Landesküche zu machen. Ziel war es vielmehr, die uns zur Verfügung stehenden Mittel zu nutzen, um einerseits mit den Verkäufen des Buchs Spenden zu generieren, die wichtigen Hilfsprojekten für die Ukraine zugute kommen sollen, und um andererseits im Rahmen der Veröffentlichung auf die verheerenden Folgen des russischen Angriffskriegs und die damit verbundenen Tragödien aufmerksam zu machen. Und nicht zuletzt stellt das Buchprojekt den Versuch dar, den Menschen hierzulande einen Zugang zur ukrainischen Kultur über den kulinarischen Weg zu schaffen. Des Weiteren ist dieses Kochbuch für mich auch aufgrund der involvierten Personen etwas Besonderes. Jedes Aufeinandertreffen ist eine Geschichte für sich und gleichermaßen eine Verkettung von glücklichen Fügungen, die mich gerne an die Entstehungsgeschichte dieses Buchs zurückdenken lassen.

Den Grundstein für dieses gemeinsame Projekt legte ein erster Zufall im März 2022, als ich aufgrund der Veggieworld-Messe in Düsseldorf war und mich zwei geschätzte Kollegen unabhängig voneinander mit den Worten zum Essen einluden, dass sie ein richtig gutes neues Restaurant in der Nähe von Düsseldorf entdeckt hätten, das ich unbedingt ausprobieren müsse. Ohne nach weiteren Details zu fragen, verabredete ich mich also an zwei aufeinanderfolgenden Abenden während meines Besuchs in Düsseldorf mit ihnen zum Essen und war gespannt, welche zwei neuen kulinarischen Erlebnisse an diesem Wochenende auf mich warten würden. Wie sich wenig später herausstellen sollte, würden diese sich allerdings auf ein Restaurant begrenzen, da mich beide in dasselbe Restaurant in Hilden namens Intensiū brachten, dass erst wenige Monate zuvor neu eröffnet hatte und wenig später bereits unter anderem mit zwei roten Hauben vom Gault-Millau ausgezeichnet werden sollte.

Zu meiner großen Freude gab es dort neben einem fleisch- und fischlastigen sechsgängigem Menü auch an jedem Abend ein vorzügliches veganes Sechs-Gänge-Menü. Als ich mir dann aufgrund der Empfehlungs-Überschneidung am zweiten Abend in Folge dasselbe Sechs-Gänge-Menü einverleibte, kam am Ende auch der Küchenchef Lukas Jakobi an unseren Tisch und erkundigte sich, was mich dazu bewegte, gleich an zwei Abenden in Folge

Gast bei ihm zu sein und so wurde – ohne dass es mir damals klar war – der erste Grundstein für die Entstehung dieses Buchprojekts gelegt.

Am selben Wochenende initiierte ich unabhängig von meinen Restaurantbesuchen dann auch die ersten Schritte für dieses Buchprojekt, als ich nach langer Zeit meinen Verleger Jens Neumann vom Ventil Verlag wiedertraf und ihm davon erzählte, dass ich gerne jenes Spenden-Kochbuchprojekt verwirklichen würde, für das ich nun Ende Juli – nur etwa vier Monate nach diesem Treffen – die letzten Zeilen in Form dieses Vorworts schreibe.

Als ich daraufhin wenige Tage nach meinem Messewochenende in Düsseldorf auf meinem Instagram-Account eine Umfrage startete, ob jemand zufällig einen ukrainischen Koch oder eine Köchin kennt, der bzw. die Interesse an der Rezeptentwicklung für unser kurz zuvor ins Leben gerufenes Spenden-Kochbuchprojekt hätte, landete unter den Zuschriften dann auch eine Nachricht von Intensiū-Küchenchef Lukas Jakobi in meinem Posteingang.

Er schrieb, dass seine frisch zum Team hinzugestoßene Sous-Chefin Kateryna Kuprych aufgrund des russischen Angriffskriegs aus Odessa geflohen und in Hilden untergekommen sei und er sich vorstellen könnte, trotz seines engen Zeitplans zusammen mit ihr an den Rezepten zu arbeiten. Somit stand das kulinarische Team für unser Buchprojekt: Kateryna lieferte viele ihrer liebsten ukrainischen Rezepte und Lukas machte sich daran, diese größtenteils sehr Tierprodukt-lastigen Gerichte zu veganisieren.

Was uns nun noch fehlte, war ein geeignetes Fotografenteam, das im besten Fall ebenfalls aus der Ukraine stammen sollte. Noch am selben Tag fragte ich wieder in meiner Instagram-Story nach, ob vielleicht auch hier jemand Abhilfe schaffen könne und siehe da: Mir wurde das Instagram-Profil @photokitchen der beiden ukrainischen Schwestern Olga und Evgeniya Drach zugeschickt, die – wie sich später herausstellen sollte – nicht nur sofort Feuer und Flamme für das Projekt waren, sondern zu diesem Zeitpunkt aufgrund des russischen Angriffskriegs ebenfalls in der Nähe von Hilden untergekommen waren und somit nur wenig später mit uns an den Arbeiten an diesem Kochbuch in Hilden begannen. Seither haben wir alle viel Zeit und Energie in dieses Buch investiert, um zu zeigen, dass man selbst eine sehr Tierprodukt-lastige Küche wie jene der Ukraine kulinarisch ansprechend vegan interpretieren kann. Im Theorieteil haben wir darüber hinaus das notwendigste Koch-Wissen bereitgestellt, damit man mit diesem Buch nicht nur bloß Rezepte nachkochen, sondern auch wirklich fundiertes Koch- und Ernährungswissen erlangen kann.

Es erfüllt mich mit großer Freude und Stolz, wie viele Menschen Teil des vorliegenden Buchs sind und was wir zusammen in so kurzer Zeit als Team realisieren konnten. Alle Details und Updates zu unserem Spendenprojekt gibt es auf der Verlagswebsite unter **www.ventil-vegan.de/ukraine-spendenprojekt**, wo wir die Spendenempfänger vorstellen, die aktuelle Höhe der Spendeneinnahmen kommunizieren und Zusatzinhalte als Ergänzung zu diesem Buch bereitstellen.

An dieser Stelle gilt mein herzlichster Dank allen Beteiligten an diesem Kochbuchprojekt, die innerhalb kürzester Zeit alle möglichen Hebel in Bewegung gesetzt haben, um dieses Buch zu ermöglichen. An Lukas, der gerade erst zusammen mit Inhaber Kristjan Bratec das Restaurant Intensiū eröffnet hatte und trotz des damit einhergehenden hohen Arbeitsaufwands in kürzester Zeit all die Rezepte für das Buch termingerecht lieferte. Außerdem an Kate, Olga und Evgeniya, die trotz der Tragödien in ihrem Heimatland ihren Fokus auf die

Arbeit an diesem Buch richteten und allesamt großartige Arbeit ablieferten. Großer Dank geht außerdem an unseren Verleger Jens Neumann und das Team des Ventil Verlags, die uns kompetent und mit viel Herzblut bei diesem Buchprojekt (wie auch bei den anderen bisherigen) unterstützt haben. Vielen Dank auch an die Fotografin Stefanie Heusek, die kurz vor Drucklegung noch schnell letzte fehlende Fotos für das Kochbuch ergänzte, sowie an mein Team und allen voran an Katharina Frauenknecht, die aufgrund dieses kurzfristig in meinen Terminplan eingeschobenen Buchprojekts vieles auffangen musste, das ohne ihre Mithilfe nicht hätte umgesetzt werden können. Mein abschließender Dank geht außerdem an alle Personen, die dieses Kochbuch erworben haben und damit Teil unseres Spendenprojekts für die Ukraine wurden.

Nun wünsche ich viel Freude beim Lesen des Theorieteils sowie beim Ausprobieren und Genießen der Rezepte im Praxisteil dieses Buchs und hoffe, dass Lukas' und Kates Rezepte alle Leser und Leserinnen ebenso begeistern werden, wie sie mich bei der ersten Verkostung begeistert haben.

Niko Rittenau
im Juli 2022

Das Team

Lukas Jakobi absolvierte seine Kochlehre im Sternerestaurant Victorian in Düsseldorf. Bevor er Küchenchef im Restaurant Intensiū in Hilden wurde, kochte er in namhaften Sternerestaurants wie dem De Librije, Agata's, Nagaya und Victor's Fine Dining des 3-Sterne-Kochs Christian Bau.

Kateryna Kuprych stammt aus Odessa und arbeitete bis zu ihrer kriegsbedingten Flucht als Sous-Chefin und Küchenleitung in diversen gehobenen ukrainischen Restaurants wie dem BRIK Space in Odessa.

Die ukrainischen Schwestern **Olga und Evgeniya Drach** arbeiten als Food-Stylistin und Fotografin in Kiew. Unter dem Namen Photokitchen produzieren die beiden ausgefallene Food-Fotostrecken für international bekannte Marken und zählen auf ihren Social-Media-Profilen jeweils eine große Followerschaft, die sich für ihre Liebe zur Fotografie und Design begeistert.

SILPAT
SILPAT

Einführung

in die ukrainische Kulinarik

Essen ist ein entscheidender Faktor für die Identität eines Individuums wie für die kollektive Identität eines Landes und kann darüber hinaus auch für Außenstehende eine gute Möglichkeit sein, im Rahmen der Esskultur eines Landes auch dessen Kultur insgesamt kennenzulernen. Will man die ukrainische Küche verstehen, gilt es die Geschichte des Landes mitsamt der wichtigsten politischen Entwicklungen und den landschaftlichen Besonderheiten zu kennen. All diese Faktoren haben Einfluss auf die kulinarische Entwicklung eines Landes. Hat man sich hiervon einen guten Überblick verschafft, versteht man die kulinarischen Eigenheiten besser und sieht viele der Traditionsgerichte in einem anderen Licht.

Die Ukraine liegt in Osteuropa, ist der zweitgrößte Staat Europas (bzw. der größte, dessen Gebiet zur Gänze innerhalb des europäischen Kontinents liegt) und grenzt im Osten und Nordosten an Russland, im Norden an Belarus, im Westen an Polen, die Slowakei und Ungarn sowie im Südwesten an Rumänien und die Republik Moldau (allgemein besser als Moldawien bekannt). Sie ist ein landwirtschaftlich überaus wichtiger Akteur, da etwa die Hälfte der Landesfläche mit sogenannter Schwarzerde (Tschernosem) bedeckt ist. Diese Gebiete gehören mitunter zu den weltweit fruchtbarsten landwirtschaftlich genutzten Flächen und so ist es auch kein Wunder, dass die Ukraine unter anderem der weltweit wichtigste Exporteuer für diverse landwirtschaftliche Erzeugnisse ist. So stammt beispielsweise knapp ein Viertel aller weltweit geernteten Sonnenblumenkerne aus diesem osteuropäischen Land. In Bezug auf das Sonnenblumenöl stammt etwa ein Drittel der weltweiten Sonnenblumenölexporte von dort.

Darüber hinaus ist die Ukraine einer der weltweit wichtigsten Walnussproduzenten und wird nicht ohne Grund als die »Kornkammer Europas« bezeichnet. Je nach Getreideart beläuft sich der Anteil an ukrainischem Getreide am Weltgetreidemarkt auf 10 (Weizen) bis 15 (Mais) Prozent des Weltmarkts. Aber auch andere Getreide wie Gerste, (13 Prozent des Weltmarkts) spielen eine bedeutende Rolle in der ukrainischen Landwirtschaft. Im Jahr 2020 brachte die inländische Gemüseproduktion in Höhe von knapp 10 Millionen Tonnen die Ukraine immerhin auf Platz 16 auf der Liste der global größten Gemüseproduzenten. Zum Vergleich: Deutschland wies in diesem Jahr eine Gemüseproduktion von knapp über 4 Millionen Tonnen (bei etwa 60 Prozent der Landesfläche der Ukraine) auf.

Die geographische Lage sowie die historischen Gegebenheiten führten dazu, dass die ukrainische Küche Elemente unterschiedlicher Küchen wie der russischen, deutschen, türkischen, polnischen und ungarischen Küche in sich aufgenommen und ebenso ihrerseits Einfluss auf diverse Küchen angrenzender Länder genommen hat. Durch die ukrainischen Auswanderer hat sie außerdem ihren Weg bis nach Süd- und Nordamerika gefunden. Der ukrainische Kochstil weist außerdem Ähnlichkeiten mit der traditionellen österreichischen Küche (bzw. diese mit der ukrainischen) auf. Sie ist sehr würzig und auf die Vielfalt der heimischen Zutaten ausgelegt. Traditionelle Küchentechniken wie Fermentieren, in Essig einlegen, Pökeln und Räuchern spielen auch heutzutage noch eine wichtige Rolle. Obwohl einige Gerichte bzw. Zubereitungsarten aus anderen Ländern in die Ukraine gelangten, erhielten diese im Lauf der Zeit dennoch eine ureigene und unverwechselbare ukrainische Note.

Kernelemente ukrainischer Küche

Fleisch spielte in der traditionellen ukrainischen Küche eine tragende Rolle und ukrainische Bürgerinnen und Bürger sind unter anderem auch für ihre ausgeprägte Liebe zu Speck (»Salo« genannt) bekannt. Wie die Rezepte in diesem Buch allerdings zeigen, kann die Seele der ukrainischen Küche auch in einer pflanzlichen Version erhalten werden. Die allermeisten bekannten ukrainischen Gerichte wie **Borschtsch** (▸ S. 97), **Soljanka** (▸ S. 131) und **Varenyky** (▸ S. 105) usw. finden sich in einer veganen Variante im Rezeptteil und lediglich eine Handvoll Rezepte wie das Kiewer Kotelett haben wir außen vorgelassen, da Fleisch hier eine so zentrale Rolle spielt, dass wir uns dafür entschieden haben, keine vegane Version davon zu kreieren. Generell war der Anspruch an die Rezepte in diesem Buch nicht einfach nur, einen veganen »Abklatsch« der traditionellen Originalrezepte zu liefern, sondern für sich stehende, originell umgesetzte pflanzliche Versionen mit der Seele der altbekannten ukrainischen Küchenklassiker zu kreieren, die den geschmacklichen Vergleich mit ihren tierischen Äquivalenten standhalten und so als gleichwertige Alternative auch eine kritische Prüfung bestehen.

Glücklicherweise sind ukrainische Gerichte wie das Kiewer Kotelett mit dem Tierprodukt als absolutes Zentrum auf dem Teller eher die Ausnahme. Der überwiegende Teil der traditionellen ukrainischen Küche ist aufgrund der überdurchschnittlich fruchtbaren Böden auch sehr gemüse- und getreidelastig. Neben Roter Bete bildet Weißkohl das Hauptgemüse. Gegessen werden aber auch viele weitere Gemüsesorten wie Karotten, Zwiebeln, Sellerie und Tomaten. Pilze kommen (je nach Region) ebenfalls häufig vor. Auch Knoblauch spielt eine dominante Rolle und wird in vielen traditionellen Rezepten ausgiebig eingesetzt.

Gerichte mit Kartoffeln (die im eigentlichen Sinne nicht zu den Gemüsen zählen) sind ebenfalls weit verbreitet und finden sich in ukrainischen Küchenklassikern wie **Deruny** (Kartoffelpuffer, ▸ S. 121) oder **Zrazy** (gefüllte Kartoffelfrikadellen, ▸ S. 107). Obst spielt auch eine Rolle, wenn auch eine wesentlich geringere als Gemüse. In den klassischen ukrainischen Rezepten finden sich vor allem Rezepte mit Kirschen, Pflaumen, Birnen und Äpfeln, aber auch der Anbau von Wassermelonen ist weit verbreitet.

Hülsenfrüchte kommen zwar in den bekanntesten ukrainischen Rezepten selten vor, aber gräbt man etwas tiefer, stößt man auch auf einige typisch ukrainische Rezepte mit Bohnen. Gerichte wie Tovchanka (Kartoffel-Bohnen-Pürree mit Mohn) oder Salo-Bohnen (würzige Speckbohnen) basieren auf Hülsenfrüchten und auch die ein oder andere bekannte Abwandlung von traditionellen Gerichten – vor allem in Hinblick auf die fleischlose Fastenzeit in der Ukraine – enthält Hülsenfrüchte. Das global bekannteste ukrainische Gericht **Borschtsch** (mehr zu dieser traditionellen Suppe folgt an späterer Stelle, ▸ S. 21 und 97) existiert in einer lokalen Abwandlung als Tschernihiw-Borschtsch (benannt nach der Stadt Tschernihiw) mit weißen Bohnen und Äpfeln und auch die Fastenzeit-Abwandlung der regulär mit Hackfeisch gefüllten Kohlrouladen namens Golubtsy (▸ S. 133), die als Fastenspeise stets pflanzlich gefüllt wird, kann unter anderem Hülsenfrüchte (aber auch Reis, Kartoffeln, Pilze oder eine Mischung daraus) enthalten.

Unter den Nüssen und Saaten findet sich neben den allseits bekannten Exportschlagern Sonnenblumenkerne und Walnüsse vor allem Mohn, sowohl in süßen Gerichten wie **Kalyta** (▸ S. 161) wie auch als eine von vielen Topping-Optionen der überall in der Ukraine erhältlichen **Bublyky** (▸ S. 159). Aufgrund ihres saisonalen Charakters haben wir Feiertagsrezepte zwar aus diesem Kochbuch exkludiert, aber gerade zu Weihnachten kommt Mohn in Gerichten wie Kutja (ein (Buch-)Weizenbrei mit Mohn, Zimt, Rosinen und Walnüssen) oder Makivnyk (Mohnroulade) häufig vor. In Bezug auf Gewürze und Kräuter werden gemeinhin Meerrettich und Dill eng mit der ukrainischen Küche in Verbindung gebracht, aber auch Kreuzkümmel, Anis, Nelken, Zimt und Kräuter wie Petersilie, Thymian und Estragon und weitere sind ein regelmäßiger Bestandteil zahlreicher Gerichte.

Der Brotkorb Europas

Die bedeutendste pflanzliche Lebensmittelkategorie innerhalb der ukrainischen Küche gilt es noch zu besprechen, und zwar die unterschiedlichen Getreidearten, die eine äußerst bedeutende Rolle in vielen traditionellen Gerichten spielen. Unter den Getreiden kommt Weizen die größte Bedeutung zu, aber auch Gerste (z. B. im **Rassolnik**, ukrainische Gerstensuppe), Mais (z. B. bei **Banosh**, ▸ S. 125), Reis (z. B. als **Plov**, ▸ S. 123) und Buchweizen finden sich in diversen traditionellen Gerichten. Im deutschsprachigen Raum kaum noch vertreten, bildet Buchweizen eine der Hauptzutaten in ukrainischen Traditionsgerichten wie **Kascha** (Buchweizengrütze, ▸ S. 111) oder **Grechanyky** (Buchweizen-Hack-Klöße, ▸ S. 109) und taucht außerdem in Suppen (▸ S. 99) und Salaten (▸ S. 81) auf.

Links: Pampuschky (▸ S. 155)
Mitte: Pfannenbrot mit Gewürzbutter (▸ S. 113)
Rechts: Bublyky-Kastenbrot (▸ S. 157)

Die Ukraine wird nicht nur als »Kornkammer Europas«, sondern auch als ihr Brotkorb bezeichnet. Diesen Namen verdankt sie ebenfalls ihrer wichtigen Rolle als Getreideexporteur, aber auch in Bezug auf die landeseigene Vorliebe für Brot ist dieser Spitzname durchaus passend. Brot war in der Geschichte der Ukraine (wie auch im Rest von Europa) ein wichtiges Lebensmittel und wird auch heute noch zu quasi jeder Hauptmahlzeit gereicht. Besonders bekannt sind Bublyky (Hefegebäckkringel in traditioneller Ringform; in unserem Buch als Kastenbrot gebacken, ▸ S. 159) und Pampuschky (Knoblauch-Kräuter-Krapfen, ▸ S. 157). Letztere sind auch die klassische Beilage des ukrainischen Nationalgerichts Borschtsch (▸ S. 97)

Ein wichtiger Teil der kulinarischen Tradition der Ukraine sind aber nicht nur Back-, sondern auch Teigwaren. Bekannt sind vor allem **Halušky** (Mini-Knödel, ▸ S. 117) und **Varenyky** (auch Warenyky und Wareniki geschrieben, gefüllte Teigtaschen, ▸ S. 105

Warenyk-Denkmal in Synky

Halušky-Monument in Poltawa

und 175). Wie die Abbildungen links zeigen, sind die beiden Gerichte so relevant für die ukrainische (Küchen-)Kultur, dass ihnen Kunstdenkmäler in einigen ukrainischen Städten und Dörfern errichtet wurden – u. a. das Warenyk-Denkmal in einem ukrainischen Dorf namens Synky und das Halušky-Monument in Poltawa.

Varenyky sind nach Borschtsch das bekannteste ukrainische Nationalgericht. Die halbmondförmigen Teigtaschen werden in Salzwasser gekocht oder gedämpft und mit einer großen Vielzahl an unterschiedlichen süßen und deftigen Füllungen angeboten. Deftige Varianten enthalten sehr oft Fleisch oder Käse, aber es existieren auch Varianten mit Kartoffeln, Pilzen oder Gemüse. In der süßen Variante werden sie oft mit Frischkäse, (Trocken-)Früchten und Nüssen und Saaten wie Walnüssen und Mohn gefüllt. Diese süßen Varianten werden dann beispielsweise mit Varenye (auch Warenje geschrieben) serviert, einer Fruchtsauce aus unzerkleinerten Früchten wie Kirschen, Himbeeren, Äpfeln etc., die nur mit Zucker und ohne Geliermittel eingekocht wird. Eine andere weit verbreitete Beilage, sowohl zu süßen als auch deftigen Varenyky, ist Semtana (Schmand, saure Sahne mit erhöhtem Fettanteil).

In vielen Regionen der Ukraine werden Varenyky (und auch andere gefüllte Knödel) abseits ihrer kulinarischen Qualitäten sogar zur Wahrsagung an Festtagen verwendet. Es finden sich zahlreiche Formen und Abwandlungen dieser Praxis in der ukrainischen (und anderen osteuropäischen) Kultur, aber der Kern ist fast immer identisch: Die Gastgeber bereiten Varenyky oder andere Teigtaschen bzw. Knödel mit unterschiedlicher Füllung vor. Die Gäste greifen – ohne zu wissen, was sich in ihrer Teigtasche befindet – zu und lassen sich überraschen, was sie in ihrer Teigtasche vorfinden. Die Interpretationen der Füllungen scheinen nicht immer einheitlich, aber in vielen Publikationen hierzu steht beispielsweise eine Füllung aus Bohnen für Familienzuwachs, eine Kartoffelfüllung für beruflichen Aufstieg, Erdnüsse für eine neue Liebesbeziehung usw. Aber auch Gegenstände werden traditionell in die Füllung der Teig-Orakel gepackt und so sollte man beim Essen entsprechend vorsichtig sein. Ein Ring in der Teigtasche kündigt dann beispielsweise eine Hochzeit an, ein Faden ohne Knoten verspricht eine neue spannende Reise, wohingegen ein Faden mit Knoten ein schwieriges Jahr voller Herausforderungen ankündigt usw.

Weitere Teiggerichte sind **Nalysnyky** (auch Nalesniki geschrieben, ▸S. 171) und **Oladky** (▸S. 113 und 169). Ersteres sind dünne Crêpes mit wahlweise süßer oder herzhafter Füllung auf Basis einer Mehlmischung aus Mais-, Weizen- und Buchweizenmehl,

Kochen für die Ukraine

Die Kampagne *»Cook for Ukraine«* wurde am 27. Februar 2022 von zwei Londoner Freundinnen – der gebürtigen Ukrainierin und mehrfachen Kochbuchautorin Olia Hercules und der in Russland geborenen Historikerin und Köchin Alissa Timoshkina – ins Lebens gerufen und erzielte innerhalb der ersten fünf Monate bereits Spendeneinnahmen in Höhe von knapp 900.000 Euro. Bekannte Köche wie Jamie Oliver, Yotam Ottolenghi und Angela Hartnett unterstützen die Kampagne seither und veranstalteten Kochabende, Dinnerevents und weitere Aktionen, um Spenden für das Hilfsprojekt zu generieren.

#CookFor UKRAINE

Die Kampagne ruft außerdem dazu auf, auf den sozialen Medien den Hashtag **#CookForUkraine** zu nutzen, wann immer man ukrainische Gerichte auf Plattformen wie Instagram, Facebook und Pinterest teilt. Daher nutzen auch wir diesen Hashtag beim Teilen unserer Food-Bilder auf Social Media und bitten darum, diesen Hashtag ebenfalls zu nutzen, wenn man Gerichte aus diesem Kochbuch (oder anderen ukrainischen Kochbüchern) auf den sozialen Medien teilt.

aber auch reine Weizenmehlformen existieren davon in der ukrainischen Küche. Oladky sind kleine, dicke Pfannkuchen, die klassischerweise aus Weizen- oder Buchweizenmehl bestehen, aber auch auf Basis von Hafermehl verbreitet sind, und ebenfalls sowohl süß als auch herzhaft zubereitet werden.

Borschtsch – das ukrainische Nationalgericht

Im Rahmen der in der Ukraine ausgetragenen Fußball-Europameisterschaft wurde 2012 eine offizielle Liste aus zehn Nationalspeisen zusammengestellt, in der Borschtsch den ersten Platz als das wichtigste ukrainische Nationalgericht einnahm. Das Gericht hat eine derart große nationale Bedeutung, dass es sogar auf ukrainischen Briefmarken verewigt wurde. Diese Suppe war also immer schon bedeutend für die Ukraine, aber spätestens seit dem russischen Angriffskrieg und der daraufhin initierten #CookForUkraine-Kampagne ist diese Suppe durch das Wirken der beiden Londoner Aktivistinnen Olia Hercules und Alissa Timoshkina beinahe zu einer Art Symbol für Zusammenhalt und Frieden geworden (siehe Infokasten).

Borschtsch als ukrainisches Briefmarkenmotiv

Borschtsch (auch Borscht, Borsch oder Borsh geschrieben) ist eine Suppe, die traditionell mit Roter Bete, Kartoffeln, Weißkohl und weiteren Zutaten zubereitet wird und deren Zubereitung abseits der Ukraine auch in anderen osteuropäischen Ländern in diversen Abwandlungen üblich ist. Aber auch innerhalb der

Ukraine gibt es zahlreiche Abwandlungen dieser Suppe in Abhängigkeit von der Region. Diese unterscheiden sich vor allem in Bezug auf das verwendete Fleisch bzw. die Brühe oder gewisse andere Tierprodukte, aber auch in Sachen Gemüse gibt es regionale Unterschiede.

Regionale Unterschiede in ukrainischen Borschtsch-Rezepten

Traditionellerweise sagt man, dass in Borschtsch so viel Gemüse enthalten sein soll, dass ein Holzlöffel im Suppentopf darin von allein stehen bleibt. Ganz besonders viel Gemüse ist im **Galizien-Borschtsch** (benannt nach der historischen, heute in dieser Form nicht mehr existierenden Landschaft in Südpolen und der Westukraine) enthalten. Durch das Austauschen der Butter kann dieser außerdem leicht veganisiert werden. Er wird im Gegensatz zu manch anderen Borschtsch-Varianten mit Rote-Bete-Kwass (▸ S. 23) gemacht, dieser kann durch eine 75/25-Mischung aus Brottrunk und Rote-Bete-Saft ersetzt werden. Im Gegensatz zu anderen Borschtsch-Varianten mit Fleisch wird diese gemüselastige Variante mit Hilfe einer Mehlschwitze (Einbrenn, erhitzte Mischung aus Fett und Mehl) gebunden, damit sie etwas dickflüssiger wird. Neben obligatorischem Borschtsch-Gemüse wie Roter Bete, Kohl und Karotten enthält er außerdem noch Stangensellerie, Petersilienwurzel und Lauchzwiebel.

Der **Wolyn-Borschtsch** aus dem gleichnamigen Gebiet im Nordwesten der Ukraine (die einzelnen Gebiete bzw. Verwaltungseinheiten der Ukraine werden Oblaste genannt) wird als einer der wenigen ohne Kartoffeln gekocht. Unterschiedliche Fleischarten werden in Rezepten als Teil des Eintopfs angegeben, aber Schweinefleisch wird am häufigsten genannt. In Bezug auf das Gemüse wird Stangensellerie verwendet und außerdem werden noch getrocknete Pflaumen sowie (getrocknete) Pilze hinzugegeben. Die Rote Bete wird separat gekocht, wodurch sich die Farbe von dunkelrot in ein helleres Rot verändert.

Der **Tschernihiw-Borschtsch** (benannt nach dem gleichnamigen Gebiet bzw. Oblast) wird traditionell mit Rindfleisch zubereitet, enthält Butter und sollte daher in der veganen Variante entsprechend kräftig gewürzt werden, um das Aroma dieser Tierprodukte zu kompensieren. In Bezug auf pflanzliche Komponenten unterscheidet er sich dadurch, dass er zusätzlich zu den Grundzutaten noch Zucchini, Bohnen und grüne Äpfel enthält. Er wird mit frischen Tomaten statt Tomatenmark zubereitet und er ist weniger säurebetont, da diese Borschtsch-Variante weder Essig noch Kwaas enthält.

Der **Kiew-Borschtsch** ist nach der gleichnamigen Region (= Oblast) im Norden der Ukraine benannt, die denselben Namen wie die ukrainische Hauptstadt Kiew trägt. Die Stadt Kiew ist der Verwaltungssitz der Oblast Kiew, allerdings ist die ukrainische Hauptstadt selbst kein Teil der gleichnamigen Oblast, sondern eine selbständige Landeseinheit, die vom Oblast Kiew umgeben wird. Spricht man also vom Kiew-Borschtsch, ist damit der Borschtsch der Region Kiew und nicht der Stadt Kiew gemeint. Im Original weist dieser durch die Verwendung von Rind- und Hammelfleisch sowie Speck das mitunter intensivste Aroma unter allen Borschtsch-Varianten auf und sollte daher in der veganen Version mit einer ordentlichen Portion dunklem Miso (Hatcho- oder Genmai-Miso) sowie Räuchertofu als Speckersatz zubereitet werden. Im Original wird geklärte Butter verwendet, um den

Rezept für Rote-Bete-Kwass

Kwass bezeichnet ursprünglich ein Getränk aus dem südslawischen Raum, das durch Gärung aus Brot hergestellt wird und mit dem deutschen Brottrunk vergleichbar ist. Es gibt aber auch andere Rezepturen mit Birnen, Beeren oder eben auch mit Roter Bete. Um Rote-Bete-Kwass selbst herzustellen, benötigt man lediglich 2 mittelgroße Rote-Bete-Knollen und einen Liter zweiprozentige Salzlake (20 g Salz pro Liter) sowie ein steriles und gut verschließbares Fermentationsglas mit entsprechendem Fassungsvermögen. Die Rote Bete wird gewaschen (nicht geschält), Stunk und Spitze entfernt und in kleine Würfel geschnitten. Die Rote Bete wird dann in das Fermentationglas gegeben und dieses im Anschluss mit der Salzlake aufgefüllt (ca. 3 bis 4 cm sollten nach oben hin Platz bleiben zwecks Gasbildung während der Fermentation).

Die Rote-Bete-Würfel dann mit einem geeigneten sauberen Gewicht beschweren, sodass diese komplett von der Salzlake bedeckt sind. Das Gefäß im Anschluss verschließen, für eine Woche bei Zimmertemperatur fermentieren lassen und im Anschluss für weitere zwei bis drei Wochen im Kühlschrank reifen lassen. Nach dieser Zeit ist der Kwass fertig. Die Flüssigkeit kann durch ein feines Sieb abgegossen und weiterverarbeitet werden, beispielsweise für die Zubereitung eines Borschtsch. Er sollte innerhalb von zwei Wochen verbraucht und bis dahin kühl gelagert werden.

Tipp

Dem Kwass-Ansatz können Gewürze wie Lorbeerblätter oder Wachholder oder Kräuter wie Dill oder Estragon zur Geschmacksverfeinerung hinzugefügt werden. Ein paar Scheiben frischer Ingwer passen ebenfalls sehr gut zum erdigen Geschmack der Roten Bete. Die Rote-Bete-Würfel können nach dem Abseihen am Ende der Fermentation noch für einen weiteren Ansatz wiederverwendet oder für eine Suppe- (▸S. 95) oder für eines der Salatrezepte (▸S. 87 oder 89) aus diesem Buch verwendet werden.

Speck und das Fleisch bei sehr heißen Temperaturen zu braten, aber auch ein herkömmliches pflanzliches Bratöl hält diesen Temperaturen stand und kann als vegane Alternative für die geklärte Butter verwendet werden. Auch dieser Borschtsch enthält grüne Äpfel, frische Tomaten und Bohnen sowie Rote-Bete-Kwass und außerdem – im Gegensatz zu anderen Borschtsch-Arten – auch frische Fleischtomaten.

Der **Poltawa Borscht** (benannt nach der gleichnamigen Oblast im Zentrum des Landes) wird im Original mit Hühnerfleisch zubereitet und ist daher weniger intensiv als andere Varianten mit Rinder- oder Hammelfleisch. Es wird kein Kwass verwendet, aber etwas Essig für die Säure. In vielen Rezepten wird der Poltawa-Borschtsch außerdem mit kleinen Buchweizenknödeln, Vushka (kleine Teigtaschen in »Schweineohrenform«) oder Halushky serviert.

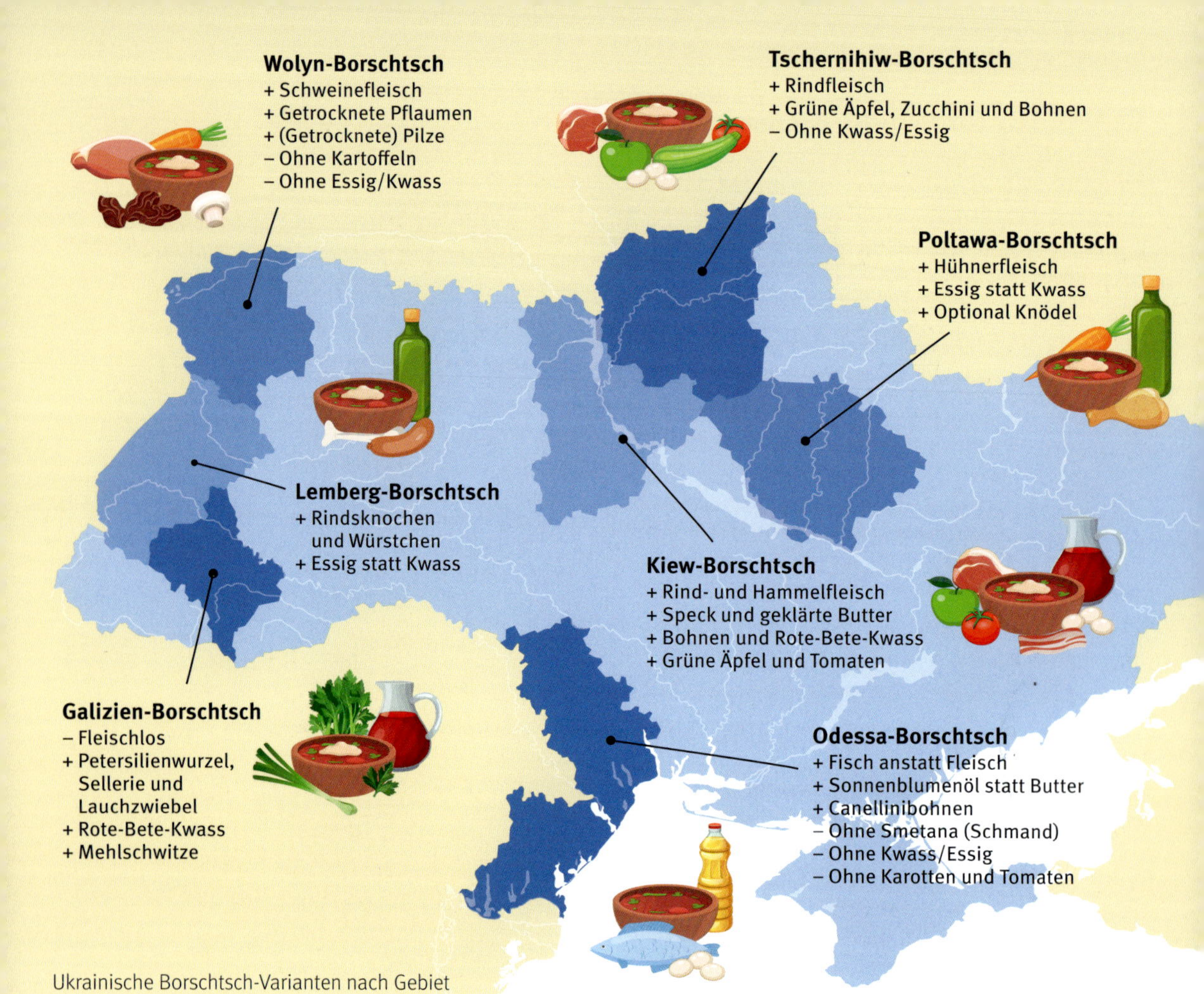

Ukrainische Borschtsch-Varianten nach Gebiet

Der **Lemberg-Borschtsch** (benannt nach dem eingedeutschten ukrainischen Gebiet Lviv (zu Deutsch Lemberg) im Nordwesten des Landes) wird traditionell mit Rinderknochen angesetzt und mit kleingeschnittenen Würstchen ergänzt. Neben Karotten wird hier als Gemüse auch Stangensellerie verwendet. Auch in dieser Variante wird kein Kwass, sondern etwas Essig für die Säurenote verwendet.

Der **Odessa-Borschtsch** (benannt nach der gleichnamigen Oblast im Südwesten der Ukraine mit Zugang zum Schwarzen Meer) enthält aufgrund des Meereszugangs Fisch. In der veganen Variante können hier beispielsweise Nori-Algen das Meeresaroma liefern. Auch in der traditionellen Variante wird als Fettquelle keine Butter, sondern Sonnenblumenöl verwendet. Auch die Odessa-Variante des Borschtsch enthält Hülsenfrüchte, allerdings weder Karotten noch Tomaten und auch weder Kwass noch Essig.

Abseits der regionaltypischen roten Borschtsch-Varianten existieren in der Ukraine auch noch weitere Abwandlungen, die sich auch in Bezug auf die Farbgebung unterscheiden. So gibt es den **Zeleny-Borschtsch** (das ukrainische Wort für die Farbe Grün) oder den **Bilyi-Borschtsch** (das ukrainische Wort für die Farbe Weiß). Der grüne Borschtsch enthält keine Rote Bete, aber dafür jede Menge grünes Blattgemüse und anderes grünes Gemüse wie Stangensellerie und Frühlingszwiebel. Vor allem Sauerampfer ist hier ein Klassiker, aber auch Spinat wird verwendet. Kartoffeln sind ebenfalls ein Teil dieses Borschtsch und in der traditionellen Variante wird er noch mit hartgekochtem Ei (halbiert oder gewürfelt) getoppt. Weißer Borschtsch wird mit Weißer Bete sowie anderem hellen Wurzelgemüse wie Pastinake und Knollensellerie zubereitet.

Borschtsch als UNESO-Kulturerbe

Die UN-Kulturorganisation *UNESCO* hat die ukrainische Form der Borschtsch-Zubereitung im Juli 2022 offiziell in die Liste des dringend erhaltungsbedürftigen immateriellen Kulturerbes aufgenommen und damit ihren Status als ukrainisches Nationalgericht noch stärker verfestigt.

Weitere mögliche Zutaten saisonaler Borschtsch-Abwandlungen sind anderes Obst wie Birnen oder Quitten statt Äpfeln, Gemüse wie Fenchel, Kohlrabi, Radieschen oder Steckrüben als Ergänzung (oder Ersatz) der Rote Bete usw. Serviert werden die meisten Borschtsch-Varianten mit Smetana (Schmand, außer z. B. im Odessa-Borschtsch), gehackten Kräutern (vor allem Dill, aber auch Petersilie) und einer Brotbeilage wie Pampuschky (▸ S. 157) oder mit einer Getreideeinlage (wie z. B. beim Poltawa-Borschtsch), mit Buchweizenknödel, Halushky, Vushka bzw. anderen traditionellen Mehlerzeugnissen.

Dieser kurze Ausflug in die Welt des Borschtsch gibt einen kleinen Einblick in dessen Vielfalt und macht verständlich, wieso »Cook for Ukraine«-Mitbegründerin Alissa Timoshkina in einem Interview mit der FAZ im Mai 2022 sagte: »[...] Borschtsch ist ein wirklich faszinierendes Gericht [...]. Ich kann ewig über Borschtsch reden und ständig Borschtsch essen, ohne je genug davon zu bekommen«.

Das Konzept des Meal-Sharings

Nahrung ist ein überlebensnotwendiges Grundbedürfnis und so ist es wenig überraschend, dass das gemeinsame Einnehmen von Nahrungsmitteln generell und das Teilen von Speisen im Speziellen ein psychologisch mächtiger Akt ist. Es stärkt das Gruppengefüge, vermindert so die Chancen für das Auftreten von Konflikten und wie Studien in der Vergangenheit immer und immer wieder zeigten, sind regelmäßige gemeinsame Mahlzeiten im Kreis von Familie und Freunden ein wichtiger Prädiktor für die positive Entwicklung (psychologisch und physiologisch) eines Kindes. Auch die Liebe geht bekanntlich durch den Magen , was ebenfalls wenig überraschend ist, wenn man sich die evolutive Prägung der Gattung Homo sapiens vor Augen führt.

Prof. Dr. Eugene Anderson, Emeritus im Fachbereich der Anthropologie an der University of California, unterstreicht in seinem Buch *Everyone Eats: Understanding Food and Culture* die wichtige Rolle der gemeinsamen Mahlzeiten für die Aufrechterhaltung von Solidarität in der Gruppe. Darin weist Dr. Anderson auf den Umstand hin, dass sich in vielen Sprachen Begriffe für Gefährte und Kamerad vom lateinischen Ausdruck »Cum panis« (wortwörtlich: »mit Brot«) ableiten. So heißt es im Englischen »Companion« oder

Lukas Jakobis vegane Interpretation der ukrainischen Küche

»Die kulinarische Handschrift in den Gerichten unseres Restaurants Intensiū in Hilden ist zwar deutlich durch südostasiatische und japanische Einflüsse gezeichnet, hat aber dennoch eine starke mitteleuropäische Prägung und greift nicht zuletzt auf handwerkliche Techniken aus der ganzen Welt zurück. Die Hälfte aller angebotenen Speisen im Intensiū sind vegan und ich versuche mit den pflanzlichen Gerichten unseres Menüs ebenso umwerfende Geschmackserlebnisse, intensive Emotionen und bleibende Eindrücke zu hinterlassen wie in den Gerichten mit tierischen Produkten und möchte so zeigen, dass es auch im Fine-Dining-Bereich nicht immer Fleisch, Käse, Fisch etc. sein muss, um großartige Gerichte zu kreieren.

Als ich mit der Rezeptentwicklung der Gerichte für dieses Buch anfing, habe ich mir das Ziel gesetzt, meine kulinarische Handschrift aus unserem Zwei-Hauben-Restaurant auch auf diese Gerichte zu übertragen, aber dennoch die Zutatenliste deutlich kürzer, die Zubereitung einfacher sowie die Zubereitungszeiten alltagstauglich zu halten und trotzdem hervorragende Gerichte zu kreieren, die den Vergleich mit den traditionell zubereiteten ukrainischen Klassikern nicht zu fürchten brauchen.

Ich habe mich für eine Art ukrainisch-japanische Fusion-Küche für dieses Buch entschieden, da die umamireichen Gewürzzubereitungen der japanischen Küche (▸ ab S. 47) die perfekte Ergänzung für die pflanzliche Version der ukrainischen Küche sind, um ohne viel Aufwand wunderbar deftige und stets spannende Gerichte zu kreieren, die auch Fleischliebhaber überzeugen. Solche Gewürzzubereitungen gibt es mittlerweile sowohl online als auch in vielen Läden leicht zu erwerben und eine Inklusion dieser Pasten und Saucen bereichert jede Küche enorm.

Im Rahmen der Arbeit an diesem Buch habe ich durch die Auseinandersetzung mit der ukrainischen Kochkunst und den traditionellen Rezepten von Katyerna und ihrer Familie viele neue Inspirationsquellen gewinnen können und einige der Gerichte bzw. manche ihrer Elemente haben auch Einzug in die Sechs-Gänge-Menüs unseres Restaurants gehalten.

Die Gerichte im Rezeptteil sind nicht klassisch nach Gängen, sondern nach Zutaten-Kategorien geordnet und verfolgen eine Art ›Shared Plate‹-Konzept. Damit wollten wir den Gedanken dieses Buchprojekts – das gegenseitige Kennenlernen und Unterstützen von Menschen über Ländergrenzen hinweg – auch über die Darreichungsform vermitteln. Die Idee ist, nicht einzelne Hauptgerichte für jede Person am Tisch zu servieren (auch wenn man das unter Anpassung der Portionsgrößen selbstverständlich dennoch machen kann), sondern – je nach Anzahl der Gäste bzw. Größe des Hungers aller Beteiligten – mehrere Shared-Plates aus den unterschiedlichen Kategorien zuzubereiten und diese am Tisch miteinander zu teilen. Das fördert die Kommunikation am Tisch, gibt Einblicke in mehr unterschiedliche Gerichte und macht zumindest uns aktuell auch mehr Freude und so hoffen wir, dass auch andere die Freude daran in ähnlichem Maße mit uns teilen werden.«

im Deutschen »Kompagnon« und beide Ausdrücke zeigen den Wert des gemeinsamen »Brotbrechens« (ein Ausdruck für gemeinsames Essen) für die Bildung und Festigung von Beziehungen unter Menschen. Geschäftspartner zu Geschäftsessen einzuladen ist ebenso wie die Einladung ins Restaurant bei einem Date ein Zeugnis der tiefen kulturellen und evolutiven Verwurzelung des gemeinsamen Essens.

»Essen bringt Menschen zusammen« ist ein Ausspruch, der den meisten Menschen geläufig ist. Noch näher als ein gemeinsames Essen bringt Menschen ein gemeinsamer Teller (oder am besten gleich mehrere zwecks Vielfalt) von dem sich alle am Tisch frei bedienen. Das fördert die Kommunikation am Tisch und wie Studien nahelegen sogar das soziale Miteinander abseits des Esstischs. In einem 2019 in der Wissenschaftszeitschrift *Psychological Sciene* publizierten Artikel namens »Shared Plates, Shared Minds« fasste das Autorenteam mehrere Studien mit insgesamt fast 1.500 Probanden zusammen und kam zu dem Ergebnis, dass sich Personen – selbst wenn diese sich zuvor vollkommen fremd waren – kooperativer und sozialer gegenüber ihren Mitmenschen verhielten, wenn sie zuvor Mahlzeiten miteinander teilten und nicht bloß gemeinsam separate Mahlzeiten erhielten, die nicht von einem oder mehreren zentralen Tellern am Tisch untereinander aufgeteilt wurden (die Mahlzeiten selbst waren in beiden Szenarien dieselben).

Gemeinsames Essen allgemein und geteilte Mahlzeiten im Speziellen fördern laut Studienergebnissen nicht nur den Zusammenhalt unter sich bekannten Personen, sondern auch die Kooperationsbereitschaft unter sich zuvor Fremden.

Der Grund hierfür mag zum einen schlichtweg in der potenziell vermehrten Kommunikation zwischen den Essenden liegen, aber ein noch wichtigerer Grund ist vermutlich die vermehrte Koordination und Rücksichtnahme, die ein selbstverständlicher Bestandteil eines gemeinsamen Essens mit geteilten Tellern sind.

Dies liegt quasi in der Natur der Sache, denn die Teilnehmenden müssen für ein gelingendes Miteinander die eigenen Portionsgrößen nicht nur in Abhängigkeit von den eigenen Geschmacksvorlieben bzw. vom eigenen Hungergefühl, sondern auch mit Blick auf das verfügbare Speiseangebot und die Zufriedenheit aller Beteiligten abwägen, sodass alle am Tisch einen fairen Anteil erhalten. Es erscheint auf den ersten Blick vielleicht für manche etwas weit hergeholt, dass dieses Miteinander in Nachfolgeexperimenten tatsächlich das Verhalten bei Verhandlungen unter Fremden (im Vergleich zur selben Situation mit demselben Essen in anderer Darreichungsform) positiv im Sinne der Kooperationsbereitschaft beeinflusste. Aber das ist genau jene Schlussfolgerung, zu der die Wissenschaftler in der zuvor genannten Publikation kamen. Sofern die Frage aufkommt: Die Probanden waren in den Versuchen selbstverständlich nicht darüber in Kenntnis gesetzt, was bei diesen Versuchen gemessen werden soll, und so konnte auch diesbezüglich keine Beeinflussung des Verhaltens stattfinden.

Diesen Spirit wollten wir ebenfalls in der Rezeptsektion unseres Buchs aufleben lassen. Selbstverständlich kann man die Gerichte auch einzeln zubereiten (und auf separaten Tellern servieren; das haben wir für das Shooting aus Gründen der Ästhetik auch bei einigen Gerichten gemacht). Aber gemütlicher und kommunikativer wird jede gemeinsame Mahlzeit mit Sicherheit, wenn man in der Gruppe ein paar der Gerichte zubereitet – auch die Zubereitung kann bereits in der Gruppe stattfinden – und die jeweiligen Gerichte dann auf größeren Platten, Tellern oder Schalen serviert, jeweils kleine Teller für jeden Mitessenden bereitstellt und sich dann alle am Tisch gemeinsam davon bedienen.

Wenn man Gerichte aus unserem Buch – egal ob für sich allein oder eine Gruppe – zubereitet, freuen wir uns und das gesamte Team der »Cook for Ukraine«-Kampagne sich sehr, wenn davon Fotos gemacht und diese auf den sozialen Netzwerken mit dem Hashtag #CookForUkraine geteilt werden. Im Rahmen der Veröffentlichung dieses Buchs haben überdies auch diverse Spenden-Dinnerevents, Spenden-Kochkurse und weitere Spenden-Veranstaltungen stattgefunden, um die ukrainische Küche hierzulande bekannter zu machen, die im Zuge des russischen Angriffskriegs begangenen Verbrechen nicht in Vergessenheit geraten zu lassen und Spenden für die Ukraine zu sammeln. Eindrücke davon, Updates zur Spendensammlung sowie weitere ukrainisch-inspirierte kulinarische Inhalte gibt es auf der Verlagsseite unter **www.ventil-vegan.de/ukraine-spendenprojekt**.

Bereit zum Teilen: Ein voll gedeckter Tisch mit veganen Versionen bekannter ukrainischer Speisen wie Bublyky, Olivier-Salat, Adjika, Kascha Pampuschky und vielen mehr

Warenkunde

aus ernährungs-wissenschaftlicher Sicht

von Niko Rittenau

Im Rahmen der Rezepte im Praxisteil dieses Buchs finden sich viele Hinweise und Tipps zu einigen der verwendeten Lebensmittel, zum richtigen Umgang mit gewissen Zutaten und zu vielem mehr. Sie sind jeweils in kleinen Infokästchen bei den Rezepten platziert und helfen dabei, die Rezepte besser zu verstehen und umsetzen zu können.

Bevor es allerdings mit dem Rezeptteil losgeht, werden nachfolgend noch einige Warengruppen im Detail besprochen. Diese spielen eine zentrale Rolle in den Rezepten und somit rentiert sich eine detaillierte Vorab-Auseinandersetzung mit ihnen. Die nachfolgenden Seiten zeigen, wie man Erkenntnisse der Ernährungswissenschaft praxisnah nutzen kann, um ein besserer Koch bzw. eine bessere Köchin zu werden, weil man ein tieferes Verständnis für Lebensmittel erhält und weiß, wie sich diese im Laufe der Verarbeitung verändern und worauf es in ihrer Handhabung ankommt.

Der Warenkundeteil beginnt mit der Besprechung der pflanzlichen Öle und Fette, da diese in quasi allen Rezepten vorkommen und eine falsche Handhabung nicht nur aus kulinarischer, sondern auch aus gesundheitlicher Sicht abträglich wirkt. Im Anschluss wird das Thema der Getreide und Mehle besprochen, um ein besseres Verständnis dafür zu bekommen, für welche Aufgabengebiete welche Mehle verwendet werden, wie die Mehlbezeichnungen sich in unterschiedlichen Ländern unterscheiden und worauf es bei der Verarbeitung zu achten gilt.

Der dritte Teil der Warenkunde widmet sich der Kategorie der umamireichen Gewürzzubereitungen und erörtert, weshalb diese grundsätzlich in jeder Küche eine zentrale Rolle spielen sollten und warum sie vor allem in der veganen Küche von besonderer Bedeutung sind. Abschließend wird im vierten und letzten Unterkapitel der Warenkunde der richtige Umgang mit Sprossen und Microgreens beschrieben, da diese sowohl als Dekorelement, als auch als Geschmackslieferant spannend sind und sie breitflächigen Einsatz in Lukas' Küche und somit auch in seiner veganer Interpretation der ukrainischen Küche finden.

Öle und Fette

Getreide und Mehle

Umami-Gewürze

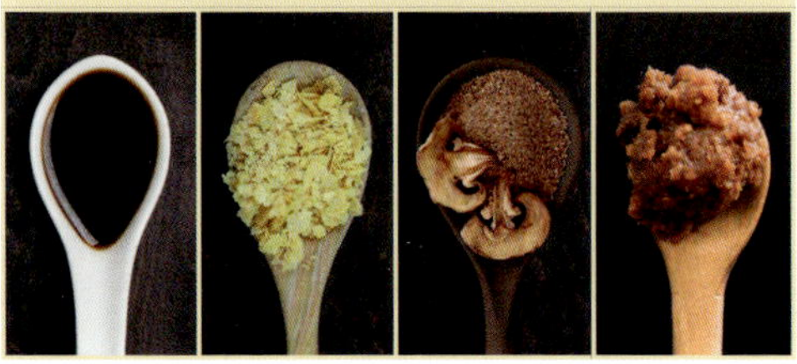

Sprossen und Microgreens

Öle und Fette

Fett ist als wichtiger Geschmacksträger ein essenzieller Bestandteil jeder Küche und gewisse Fette spielen auch aus gesundheitlicher Sicht eine bedeutende Rolle.

Menschen haben in den Geschmacksknospen der Zunge eigene Fettrezeptoren und so überrascht es wenig, dass die Zugabe von fetthaltigen Komponenten auch das subjektive Geschmacksempfinden einer Speise für uns enorm verbessert, egal ob das Fett aus vollwertigen Lebensmitteln wie Nüssen, Samen, Avocados oder aus qualitativ hochwertigen Pflanzenölen stammt. Aufgrund ihres hohen Kaloriengehalts sollten Öle, Margarine und andere isolierte Fette aber dennoch – in Abhängigkeit von der Energiebilanz des jeweiligen Individuums – mit Bedacht eingesetzt werden.

Fette und Öle sind aus chemischer Sicht grundsätzlich nach demselben Grundmuster aufgebaut und werden lediglich aufgrund ihres Aggregatzustands unterschieden. Der zentrale Unterschied ist: Fette sind bei Raumtemperatur aufgrund ihres hohen Anteils an gesättigten Fettsäuren fest. Öle hingegen sind aufgrund des hohen Anteils an ungesättigten Fettsäuren flüssig und können nur durch sogenannte katalytische Hydrierung (industrielle Fetthärtung) zu festen Fetten werden. Bedingt durch die Unterschiede im Fettsäuremuster wirkt sich beispielsweise Olivenöl mit einem hohen Anteil an einfach ungesättigten Fettsäuren anders auf Parameter der Gesundheit wie unseren Cholesterinspiegel aus als ein Speisefett mit hohem Anteil an gesättigten Fettsäuren wie Palmfett oder Kakaobutter. Auch innerhalb einer Art von Öl gibt es verarbeitungsbedingt bedeutende Unterschiede in Bezug auf die gesundheitliche Wirkung sowie die kulinarischen Aspekte des jeweiligen Öls: Ein kalt gepresstes extra natives Olivenöl aus reifen sorgfältig verarbeiteten Oliven wirkt sich beispielsweise anders auf unseren Organismus aus als ein qualitativ mittelwertiges raffiniertes Bratöl aus Oliven und weist auch ein völlig anderes Geschmacksprofil auf.

Das Fettsäuremuster charakterisiert das Fett

Man muss nicht tief in die Biochemie und Ernährungswissenschaft einsteigen, um die wichtigsten Verhaltensregen für den adäquaten Gebrauch unterschiedlicher Speiseöle und Fette in der Küche ableiten zu können. Was es braucht, ist lediglich ein Grundwissen über die Fettsäurezusammensetzung der gängigen Öle, darüber wie sich die jeweiligen Gruppen an Fettsäuren gegenüber Hitze verhalten und welche Gruppen aus gesundheitlicher Sicht zu bevorzugen sind.

Grob unterscheidet man dabei zwischen gesättigten Fettsäuren, einfach ungesättigten Fettsäuren und mehrfach ungesättigten Fettsäuren. Selbst innerhalb dieser Gruppe gibt es aber aufgrund ihres chemischen Aufbaus noch weitere Unterschiede in der Wirkung dieser Fettsäuren. Diese noch tiefere Unterscheidung spielt für die Betrachtung der kulinarischen Verwendung im Kontext dieses Kapitels aber eine untergeordnete Rolle und wird daher hier nicht weiter thematisiert.

In Bezug auf die Verwendung in der Küche genügt die grobe Kategorisierung anhand der Sättigung der Öle. Vereinfacht gesagt sind gesättigte Fettsäuren die hitzestabilsten, gefolgt von den einfach ungesättigten Fettsäuren. Öle mit einem sehr hohen Anteil an mehrfach ungesättigten Fettsäuren (besonders jene mit hohem Omega-3-Anteil) sollten ausschließlich für die kalte Küche verwendet werden bzw. erst am Teller nachträglich auf Gerichte geträufelt werden, da sie (zumindest in ihrer isolierten Form als Öle) nicht hitzestabil sind. In vollwertigen Lebensmitteln wie geschroteten Leinsamen sind die enthaltenen Omega-3-Fettsäuren jedoch erstaunlich stabil.

Auch wenn es in Bezug auf die gesundheitlichen Aspekte innerhalb der einzelnen Kategorien durchaus Unterschiede gibt, kann man vereinfachend festhalten, dass zum Braten und Backen hauptsächlich Öle mit einem hohen Anteil an einfach ungesättigten Fettsäuren (allen voran solche mit hohem Anteil an der Omega-9-Fettsäure namens Ölsäure) verwendet werden sollten. Diese haben den Vorteil, dass sie deutlich hitzestabiler als die mehrfach ungesättigten Omega-6- und Omega-3-Fettsäuren sind. Sie wirken aber im Gegensatz zu Fetten mit einem hohen Anteil an gesättigten Fettsäuren gesundheitlich zuträglicher.

Der Fettanteil in unserer Ernährung sollte laut Fachgesellschaften im Bereich von 25 bis 35 Prozent der Gesamtkalorienzufuhr liegen, wobei jeweils nicht mehr als 7–10 Prozent aus gesättigten Fettsäuren sowie ebenfalls nicht mehr als 10 Prozent aus mehrfach ungesättigten Fettsäuren bestehen sollten. Bei gesättigten Fettsäuren gibt es keine Mindestzufuhr, hier gilt lediglich die Maximalzufuhrgrenze in Höhe von 7–10 Prozent. Bei mehrfach

Abb. 1: Fettsäurespektrum unterschiedlicher Züchtungen von Ölpflanzen

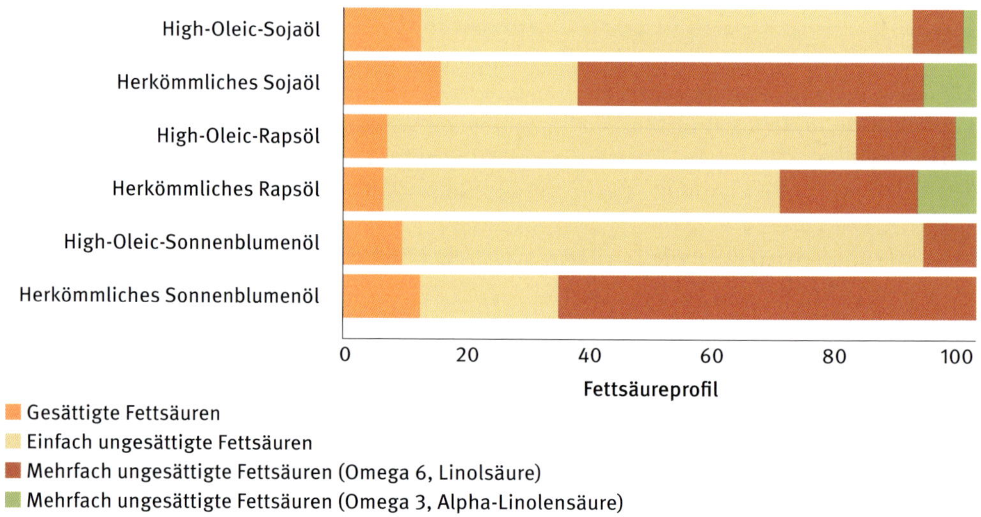

Tab. 1: Haltbarkeit und Lagerbedingungen unterschiedlicher Öle und Fette

Art des Öls	Haltbarkeit nach dem erstmaligen Öffnen	Lagerbedingungen
Öle reich an Omega 3 (z. B. Lein, Hanf-, Chiaöl)	4 Wochen	Im Kühlschrank
Öle reich an Omega 6 (z. B. Sonnenblumen-, Maiskeim-, Distelöl)	3 Monate	Im Kühlschrank
Öle reich an Omega 9 (z. B. Oliven-, Avocado-, High-Oleic-Öle)	9 Monate	Im Schrank (lichtgeschützt)
Öle reich an gesättigten Fettsäuren (z. B. Kakaobutter, Kokos-, Palmöl)	Laut Mindesthaltbarkeits-datum auf dem Etikett	Im Schrank (lichtgeschützt)

ungesättigten Fettsäuren gilt die Mindestzufuhr von 7 Prozent und die Maximalzufuhr in Höhe von 10 Prozent. Der Grund für die empfohlene Mindestzufuhr ist, dass in der Gruppe der mehrfach ungesättigten Fettsäuren zwei lebensnotwendige Vertreter (Linolsäure und Alpha-Linolensäure) vorkommen, deren regelmäßige Zufuhr sichergestellt werden muss. Unter den gesättigten Fettsäuren gibt es keine lebensnotwendigen Vertreter und auch bei den einfach ungesättigten Fettsäuren nicht. Der größte Anteil in Höhe von 10–20 Prozent (je nach restlicher Fettsäurezufuhr bzw. Gesamtfettzufuhr) sollte aus einfach ungesättigten Fettsäuren bestehen.

Es ist auch kein Zufall, dass gerade in der als besonders gesund geltenden mediterranen Ernährung Olivenöl (ein Öl mit – je nach Sorte – 2/3 bis 3/4 einfach ungesättigten Fettsäuren) eine so zentrale Rolle spielt. Gerade das in der ukrainischen Küche häufig vertretene Sonnenblumenöl (die Ukraine ist mit über 50 Prozent des Welthandels der weltweit wichtigste Exporteur für Sonnenblumenöl) kann allerdings grundsätzlich eine ähnlich gute Wahl sein, jedoch kommt es hier primär auf die Art des Sonnenblumenöls an. Abbildung 1 zeigt den wesentlichen Unterschied zwischen dem von uns im Rezeptteil vorgeschlagenen sogenannten »High Oleic«-Sonnenblumenöl und herkömmlichem Sonnenblumenöl. Auch die »High Oleic«-Unterschiede in Bezug auf Soja- und Rapsöl werden in dieser Abbildung illustriert.

Der Begriff »High Oleic« bedeutet übersetzt »hoch in Ölsäure« bzw. »ölsäurereich« und bezeichnet spezielle Züchtungen diverser Ölpflanzen (vor allem Sonnenblume, Soja und Raps), die im Gegensatz zu ihrem herkömmlichen Fettsäurespektrum besonders viel von der einfach ungesättigten Omega-9-Fettsäure namens Ölsäure enthalten. Dadurch sind sie deutlich hitzestabiler (oft findet man sie auch mit der Bezeichnung »Bratöl« oder »Backöl« im Handel) und zusätzlich haben sie im Gegensatz zu ebenfalls hitzebeständigen Fetten mit hohem Anteil an gesättigten Fettsäuren eine positivere gesundheitliche Wirkung. Daher sollte, wann immer mit Sonnenblumenöl gekocht wird, ausschließlich die ölsäurereiche Variante verwendet werden. Für die kalte Küche könnte auch herkömmliches Sonnenblumenöl verwendet werden, aber aus gesundheitlicher Sicht empfiehlt es sich, für alle Einsatzgebiete stets High-Oleic-Sonnenblumenöl zu verwenden.

Das Fettsäurespektrum wirkt sich dabei nicht nur auf den Grad der Erhitzbarkeit und damit auf die Einsatzgebiete in der Küche aus, sondern auch auf die Haltbarkeit des Öls sowie die Lagerbedingungen. Tabelle 1 zeigt die Haltbarkeit und die Lagerbedingungen von Pflanzenölen nach dem Öffnen anhand der überwiegend in ihnen vorkommenden Fettsäuren. Auch wenn man vereinfachend Öle anhand jener Gruppe an Fettsäuren kategorisiert, die in ihrem Fettsäurespektrum überwiegen, ist es dennoch so (und das zeigt auch Abb. 1), dass jeder Öl-Vertreter auch mehrere Gruppen aufweist und quasi immer auch Fettsäuren aus allen drei Hauptgruppen (gesättigt, einfach ungesättigt und mehrfach ungesättigt) vorkommen. Die Mindesthaltbarkeitsdauer, die auf den Etiketten von Speiseölen angegeben ist, gilt dabei stets für das ungeöffnete und nicht für das bereits geöffnete Öl. Lediglich Fette mit einem sehr hohen Anteil an gesättigten Fettsäuren sind so unempfindlich in ihrer Lagerung, dass für sie auch nach dem Öffnen die Mindesthaltbarkeit laut Etikett gilt. Bei allen Ölen ist die Haltbarkeit nach dem Öffnen deutlich kürzer.

Speiseöle in der Küche

Wie bereits an früherer Stelle beschrieben, bestimmt das Verhältnis von gesättigten zu ungesättigten Fettsäuren die Konsistenz von Ölen und Fetten. Je mehr gesättigte Fettsäuren darin enthalten sind, desto fester ist das Fett bei Zimmertemperatur, sodass es sich auch erst bei höheren Temperaturen verflüssigt. Das Verflüssigen der gesättigten Fettsäuren bei wärmeren Temperaturen ist auch der Grund, warum Schokolade an heißen Tagen in der Packung schmilzt, wohingegen sie sehr hart ist, wenn sie direkt aus dem Kühlschrank genommen wird. Andererseits sind Öle mit einem hohen Anteil an einfach und mehrfach ungesättigten Fettsäuren selbst bei geringeren Temperaturen im Kühlschrank noch flüssig. Diese Konsistenzunterschiede sind auch der Grund, weshalb alle streichfähigen Fette wie Margarine einen hohen Anteil an gesättigten Fettsäuren haben müssen, entweder aus Kakaobutter, Kokos- oder Palmöl.

Früher wurden auch flüssige Öle wie Sonnenblumenöl zur Margarineherstellung in größerer Menge verwendet, aber um diese auch bei Zimmertemperatur fest werden zu lassen, war eine sogenannte katalytische Hydrierung (= industrielle Härtung) notwendig. Da sich allerdings herausstellte, dass die bei der Fetthärtung entstehenden Transfettsäuren gesundheitlich abträglich wirken, wurden diese sukzessive wieder aus der Lebensmittelindustrie verbannt und kommen heute (zumindest innerhalb der DACH-Region) kaum noch in Lebensmitteln vor. Heutige Margarineunternehmen schaffen es darüber hinaus, streichfähige Fette zu kreieren, die auch ohne Fetthärtung nur etwa ein Drittel bis maximal die Hälfte der Menge an gesättigten Fettsäuren wie Butter enthalten und daher aus gesundheitlicher Sicht der Butter vorzuziehen sind. Besonders empfehlenswert sind pflanzliche Streichfette, die nicht nur einen niedrigen Anteil an gesättigten Fettsäuren haben, sondern auch noch mit diversen potenziell kritischen Nährstoffen angereichert sind (z. B. gewisse Sorten von Becel oder Rama).

Beim Backen gilt: Butter oder Margarine können durch 80 Prozent Öl mit hohem Ölsäure-Anteil (z. B. High-Oleic-Sonnenblumenöl) + 20 Prozent Flüssigkeit (Wasser oder

Pflanzendrink) ersetzt werden. 100 g Margarine werden somit durch 80 g (bzw. 85 ml) ölsäurereiches (Back-)Öl + 20 g/20 ml Wasser oder Pflanzenmilch ersetzt.

Die richtige Temperatur beim Kochen mit Ölen

Wenn ein Öl zu stark erhitzt wird, bauen sich sukzessive einige der Fettsäuren im Öl ab und dabei entstehen giftige Abbauprodukte, die es unbedingt zu vermeiden gilt. Abbildung 2 illustriert die wahrnehmbaren Veränderungen des Speiseöls, wenn dieses zu hoch erhitzt wird.

Abb. 2: Merkmale zu stark erhitzter Speiseöle

Um die Temperaturentwicklung des Öls in der Pfanne bzw. im Topf im Blick zu behalten, kann ein Infrarot-Thermometer helfen, mit etwas Fingerspitzengefühl und Übung gelingt es aber auch ohne technische Hilfsmittel die Öltemperatur im Griff zu haben. Was bereits enorm hilft, ist – vor allem, wenn man noch nicht so vertraut mit der Temperaturentwicklung des Herds bzw. der verwendeten Pfannen/Töpfe ist – nicht zuerst das Öl zu erhitzen und dann das jeweilige Lebensmittel hinzuzufügen, sondern die Reihenfolge umgekehrt zu gestalten. Gibt man zuerst das Lebensmittel wie beispielsweise fein geschnittene Zwiebel oder Pilze in die Pfanne und erhitzt diese, merkt man recht schnell anhand des einsetzenden Geräusches bzw. des leicht aufsteigenden Dampfs durch das verdunstende Wasser aus dem jeweiligen Lebensmittel, ob Topf oder Pfanne heiß genug sind. Dann kann man das Öl hinzugeben und die Temperatur entsprechend regulieren. Gibt man das Öl zuerst ohne Lebensmittel in die Pfanne oder den Topf, hört bzw. sieht man die Temperaturentwicklung des Öls schlechter und läuft Gefahr, es zu hoch zu erhitzen.

Ein häufig in Zusammenhang mit der Gartemperatur verwendeter Begriff ist der sogenannte Rauchpunkt. Der Rauchpunkt ist die niedrigste Temperatur, bei der eine deutlich sichtbare Rauchentwicklung über einem erhitzten Speisefett oder Speiseöl beginnt (nicht zu verwechseln mit dem Dampf aus der Wasserverdunstung aus Lebensmitteln). Dieser ist vor allem vom Anteil freier Fettsäuren eines Öls sowie vom Fettsäuremuster des Öls abhängig. Je höher der Anteil an freien Fettsäuren und mehrfach ungesättigten Fettsäuren, desto niedriger ist der Rauchpunkt.

Ein Öl, das schon mehrmals erhitzt wurde (z.B. beim Frittieren), hat einen höheren Gehalt an freien Fettsäuren als ein frisches Öl. Native Öle haben in der Regel einen höheren Gehalt an freien Fettsäuren als raffinierte Öle (weil die freien Fettsäuren bei diesen durch die Raffination entfernt wurden). Sie können aber auch – besonders wenn sie frisch sind

Tab. 2: Eignung unterschiedlicher Speiseöle für unterschiedliche Zubereitungstechniken

	Kalte Küche	Dünsten	Backen	Braten	Frittieren	Grillen
Lein-, Hanf-, Sacha-Inchi- und Chiaöl (+ andere native O3-reiche Öle)	geeignet	ungeeignet	ungeeignet	ungeeignet	ungeeignet	ungeeignet
Sonnenblumen-, Raps- oder Sojaöl (nativ, herkömmliche Sorte)	geeignet	bedingt geeignet	bedingt geeignet	ungeeignet	ungeeignet	ungeeignet
Sonnenblumen-, Raps- oder Sojaöl (nativ, High-Oleic-Sorte)	geeignet	geeignet	geeignet	geeignet	bedingt geeignet	bedingt geeignet
Sonnenblumen-, Raps- oder Sojaöl (raffiniert, High-Oleic-Sorte)	ungeeignet	bedingt geeignet	bedingt geeignet	bedingt geeignet	geeignet	geeignet
Oliven-, Haselnuss- und Macadamiaöl (nativ, alle gängigen Sorten)	geeignet	geeignet	geeignet	geeignet	bedingt geeignet	bedingt geeignet
Oliven-, Haselnuss- und Macadamiaöl (raffiniert, alle gängigen Sorten)	ungeeignet	bedingt geeignet	bedingt geeignet	bedingt geeignet	geeignet	geeignet

ungeeignet   bedingt geeignet   geeignet

und hochwertig produziert wurden – mit raffinierten Ölen vergleichbare, sehr geringe Gehalte an freien Fettsäuren aufweisen. Waren beispielsweise die Oliven bei der Pressung eines Olivenöls beschädigt oder wurden sie vor der Pressung zu lange gelagert, steigt ihr Gehalt an freien Fettsäuren an. Dies muss sich dabei nicht zwangsläufig im Geschmack widerspiegeln und kann daher beim Verkosten nicht zielsicher herausgeschmeckt werden. Bei manchen Ölen wie zum Beispiel Olivenöl ist der Höchstgehalt an freien Fettsäuren aber ohnehin gesetzlich geregelt und muss daher nicht herausgeschmeckt werden. Er darf bei extra nativem Olivenöl beispielsweise nur höchstens einen Anteil in Höhe von 0,8 Prozent ausmachen, während es bei einfachem nativem Olivenöl bis zu 2 Prozent sein dürfen. Bei anderen Ölsorten fehlt es allerdings leider an derartigen Qualitätsstufen. Aufgrund des gesetzlich vorgeschriebenen geringeren Gehalts an freien Fettsäuren ist extra natives Olivenöl (entgegen der weitverbreiten Meinung) besser zum Erhitzen geeignet (200 bis 210 °C), als natives Olivenöl (170 bis 180 °C). Es ist zwar nicht ganz so hoch erhitzbar wie raffiniertes Olivenöl (bis 230 °C), aber aufgrund des höheren Anteils an wertgebenden Stoffen (u. a. sekundären Pfanzenstoffen) ist es die gesundheitlich vorteilhaftere Wahl. Generell gilt: Wann immer es die Zubereitungstemperatur zulässt, sollte die Wahl auf native (= kalt gepresste/nicht gefilterte) Öle fallen. Raffinierte Öle sollten nur für besonders heißes Grillen oder mehrmaliges Frittieren verwendet werden.

Tabelle 2 illustriert die Verwendungszwecke der ernährungsphysiologisch wichtigsten Speiseöle in Abhängigkeit vom Fettsäurespektrum sowie von der Verarbeitung. In Tabelle 2 wird neben den unterschiedlichen Arten von Öl primär zwischen nativen und raffinierten Ölen unterschieden. Unter dem Begriff des Raffinierens von Ölen versteht man eine Art Reinigung bzw. Filterung des Öls. Dieser Vorgang macht die Öle hitzestabiler und länger haltbar, geht aber auf Kosten des Nährwerts und des Geschmacks. Raffinierte Speiseöle werden in Tabelle 2 in der kalten Küche nicht deshalb als rot angezeigt, weil sie aufgrund ihrer Beschaffenheit nicht auch für kalte Speisen wie Salate verwendet werden dürfen, sondern weil es aufgrund ihres deutlich geringeren ernährungsphysiologischen Werts aus gesundheitlicher Sicht schlichtweg schade wäre, bei kalten Speisen nicht auf die gesünderen nativen Äquivalente zurückzugreifen und auch deren intensiveren Geschmack zu nutzen.

Beim Dünsten, Backen und Braten sind raffinierte Öle als gelb und damit nur bedingt geeignet angegeben. Auch das heißt erneut nicht, dass sie aufgrund ihrer Beschaffenheit nicht auch für diese Kochtechniken/Temperaturen verwendet werden könnten, aber erneut sollte man aus gesundheitlicher Sicht auf die gesünderen nativen Äquivalente zurückzugreifen, welche die bei diesen Kochtechniken erreichten Temperaturen (wenn es das Fettsäurespektrum erlaubt) ebenso einwandfrei vertragen.

Beim Frittieren wären zwar rein in Bezug auf die Temperaturen ebenfalls native Öle (zumindest mit hohem Anteil an einfach ungesättigten Fettsäuren) geeignet, allerdings steht hier aufgrund der großen Menge an verwendetem Öl der Preis nicht im Verhältnis zum Nutzen. Darüber hinaus sind raffinierte Öle vor allem in Bezug auf die Mehrfachverwendung beim Frittieren deutlich geeigneter. Sofern das Öl also nicht nur einmal verwendet wird (und Preis eine Rolle spielt), sollten beim Frittieren raffinierte Öle verwendet werden. Beim Grillen kann der Temperaturbereich zwar sehr unterschiedlich ausfallen und theoretisch könnten zumindest im niedrigen bis mittelhohen Temperaturbereich auch ölsäurereiche native Speiseöle verwendet werden, aber wenn z. B. mehrere Personen den Grill bedienen bzw. mehrere unterschiedliche Lebensmittel mit unterschiedlich hoher Grilltemperatur zubereitet werden, ist es ratsam, zur Sicherheit auch hier auf raffinierte Öle zurückzugreifen. Tabelle 3 illustriert zur besseren Übersicht die wichtigsten Unterschiede zwischen nativen und raffinierten Ölen.

Tab. 3: Merkmale nativer und raffinierter Speiseöle

Kalt gepresste (native) Speiseöle	Raffinierte Speiseöle
Aromatisch	Geschmacksneutral
Intensive Farbe	Beinahe farblos
Reich an wertgebenden Stoffen	Niedriger Gehalt an wertgebenden Stoffen
Schneller verderblich	Länger haltbar
Können bei minderer Qualität Schadstoffe enthalten	Selbst bei minderer Qualität Entfernung von Schadstoffen durch Raffination
Tendenziell weniger hoch erhitzbar	Tendenziell höher erhitzbar

Getreide und Mehl

Getreide bildet bis zum heutigen Tag die Lebensgrundlage eines Großteils der Weltbevölkerung. Global gesehen stammt knapp die Hälfte der gesamten Nahrungsenergie sowie über 40 Prozent der Gesamtproteinzufuhr aus Getreide. Auch in der Ukraine spielen Getreide sowie die daraus hergestellten Lebensmittel eine bedeutende Rolle in der Ernährung und ebenso für die Wirtschaft. Denn die Ukraine ist einer der weltweit wichtigsten Getreideproduzenten in Bezug auf Weizen, Mais und Gerste – mit einem Anteil von jeweils 10 bis 15 Prozent des Weltmarkts. Auch Reis wird seit Beginn des 20. Jahrhunderts in der Ukraine in großem Maßstab angebaut und in den Hochzeiten des Reisanbaus (dieser ist seither rückläufig) konnte das Land mehr als zwei Drittel des nationalen Reisbedarfs (durchschnittlich 3 kg pro Person im Jahr, in Deutschland lag er im selben Vergleichszeitraum etwa bei der doppelten Menge) durch Eigenanbau decken. Traditionelle ukrainische Reisgerichte wie Plov (auch Plow geschrieben, ▸ S. 123) zeugen von der Bedeutung von Reis für die ukrainische Küche. Auch Pseudogetreide wie Buchweizen findet sich in vielen Gerichten – so zum Beispiel im traditionellen Gretschnewaja Kascha (einer Art Buchweizenbrei, ▸ S. 111) oder in Form von Grechanyky (Buchweizen-Hackklößchen, ▸ S. 109).

Mehlerzeugnisse sind für die ukrainische Küche ebenfalls sehr wichtig, so sind vor allem die süßen oder deftigen »Varenyky (gefüllte Teigtaschen, ▸ S. 105 und 175) bekannt. Sie gelten als ukrainisches Nationalgericht und treten in der ukrainischen Literatur sogar als Symbol nationaler Identität auf. Aber auch Halušky (Mini-Knödel, ▸ S. 117) werden in diversen Abwandlungen zubereitet und sind ebenso wie die Varenyky-Teigtaschen ein so wesentlicher Teil der Küchenkultur, dass beiden Gerichten sogar Kunstdenkmäler in einigen ukrainischen Städten errichtet wurden (u. a. das Varenyk-Denkmal im ukrainischen Dorf namens Synky und das Halušky-Monument in Poltawa).

Unterschiede einzelner Mehltypen

Gerade wenn es um Mehle geht, lohnt sich ein Blick in die Warenkunde, um zu verstehen, wodurch sich die jeweiligen Mehltypen voneinander unterscheiden, welche Mehle für welche Einsatzgebiete geeignet sind und wie sich der Nährstoffgehalt verschiedener Mehlarten voneinander unterscheidet. Der Ausdruck Mehl beschreibt grundsätzlich in diesem Kontext das Pulver fein gemahlener Getreidekörner. Getreide kann dabei unterschiedlich fein gemahlen werden und je nach sogenanntem Ausmahlungsgrad entstehen Mehle mit ande-

Abb. 3. Aufbau des Getreidekorns und Darstellung unterschiedlicher Ausmahlungsgrade der Mehlproduktion

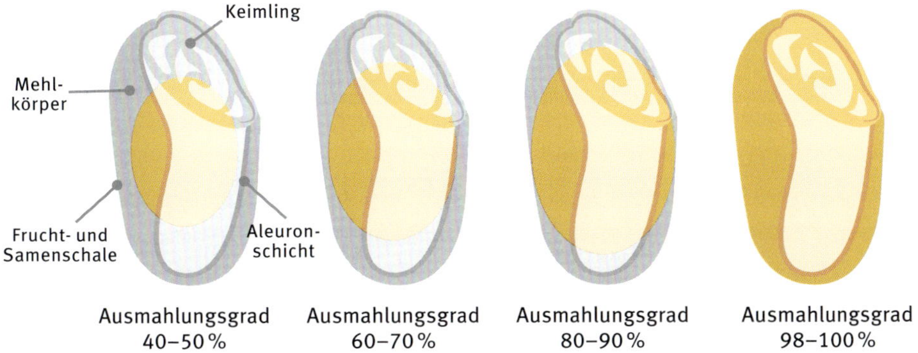

rer Typenbezeichnung (Mehltype) und damit einhergehenden Unterschieden im Nährwert. Abbildung 3 zeigt, welche Teile des Korns jeweils bei welchem Ausmahlungsgrad verwendet bzw. nicht verwendet werden.

Der Begriff Mehltype entstammt der Fachsprache der Müller und Bäcker und ist ein Maß für den Mineralstoffgehalt des Mehles, oder anders gesagt: Die Ermittlung der Type erfolgt durch Bestimmung des Mineralstoffgehalts des jeweiligen Mehls. Niedrige Ziffernbezeichnungen bei Mehltypen zeigen einen niedrigen Mineralstoffgehalt an. Dieser geht ebenfalls mit einem reduzierten Vitamingehalt im Vergleich zu Mehlen mit einem höheren Ausmahlungsgrad einher. Zur Typenbestimmung des jeweiligen Mehls wird unter Laborbedingungen eine geringe Menge des Mehls bei 900 °C in einem speziellen Ofen verbrannt. Der verbleibende Rest des verbrannten Mehls entspricht danach im Wesentlichen der Mineralstoffmenge des jeweiligen Mehls. Deren Höhe wird unter anderem auch als »Aschegehalt« des Mehls bezeichnet und ist entscheidend für die Bezifferung der jeweiligen Mehltype. Bleiben von 100 g Mehl nach dem Verbrennen beispielsweise 405 mg Asche zurück, spricht man von einem Mehl der Type 405, bleiben 1050 mg übrig ist das Mehl von der Type 1050.

Leider hat sich in der DACH-Region noch kein durchgängiger Standard für die Typisierung unterschiedlicher Ausmahlungsgrade durchgesetzt und so klassifizieren alle drei Länder ihre Mehle unterschiedlich. Liest man amerikanische Rezepte, stößt man nochmals auf gänzlich andere Mehltypenbezeichnungen und so kann es schnell passieren, dass man nicht den geeigneten Typ Mehl für das jeweilige Rezept verwendet. Tabelle 4 schafft hier Abhilfe und zeigt, welche Typen in den unterschiedlichen Ländern grob miteinander vergleichbar sind, bzw. wie man unterschiedliche Mehle mischen kann, um trotz der Länderspezifischen Ausmahlungsunterschiede exakt dieselbe Typisierung zu erhalten, und zeigt außerdem, welche Mehle für welche Zwecke geeignet sind.

Die erste Spalte von Tabelle 4 listet die gängigsten Typen für Weizen-, Roggen und Dinkelmehl in Deutschland auf. In der zweiten, dritten und vierten Spalte ist zu sehen, welche Mehltypen in Österreich (2), in der Schweiz (3) und den USA (4) vergleichbar mit diesen deutschen Kategorien sind bzw. in welchem Verhältnis man unterschiedliche Mehle dieser Länder mischen kann, um möglichst nahe an den Ausmahlungsgrad deutscher Mehle als

Tab. 4: Vergleichende Darstellung unterschiedlicher Mehltypen nach Land

Deutschland	Österreich	Schweiz	USA	Ausmahlungsgrad	Verwendungszwecke
		Weizen			
Type 405	Nicht genau ersetzbar, am ehesten Type 480	Weißmehl	Pastry Flour	45–50 %	Kuchen, Torten, Binden von Saucen
Type 550	70 % Type 480 + 30 % Type 700	40 % Weißmehl + 60 % Halbweißmehl	All-purpose Flour	55–60 %	Brötchen, Pizza, Mürbteig, Rührteig
Type 812	80 % Type 700 + 20 % Type 1600	60 % Halbweißmehl + 40 % Ruchmehl	80 % Bread Flour + 20 % WWF	75–80 %	Helle Mischbrote
Type 1050	60 % Type 700 + 40 % Type 1600	Ruchmehl	60 % Bread Flour + 40 % WWF	80–85 %	Dunkle Mischbrote
Vollkornmehl	Type 1800	Vollkornmehl	Whole Wheat Flour	98–100 %	Vollkornbrote
		Roggen			
Type 610	80 % Type 500 + 20 % Type 960	Roggenmehl hell	White Rye Flour	60–65 %	Helles Roggenmischbrot und Kleingebäck
Type 815	30 % Type 500 + 70 % Type 960	60 % RMH + 40 % RMD	90 % White Flour + 10 % WRF	70–75 %	
Type 997	Type 960	30 % RMH + 70 % RMD	80 % White Rye Flour + 20 % WRF	75–80 %	Dunkles Roggenmischbrot, Lebkuchen, Schüttelbrot
Type 1150	90 % Type 960 + 10 % Type 2500	Roggenmehl dunkel	70 % White Rye Flour + 30 % WRF	80–85 %	
Vollkornmehl	Type 2500	Roggenvollkornmehl	Whole Rye Flour	98–100 %	Roggenvollkornbrot
		Dinkel			
Type 630	Nicht genau ersetzbar; am ehesten Type 700	Dinkel-Weißmehl	White Spelt Flour	60–65 %	Wie Weizenmehl Type 405 und Type 550
Type 1050	60 % Type 700 + 40 % Type 1500	Dinkel-Ruchmehl	60 % WSF + 40 % Whole Spelt Flour	80–85 %	Dunkle Dinkelbrote, herzhafte Kuchen
Vollkornmehl	Dinkel-Vollkornmehl	Dinkel-Vollkornmehl	Whole Spelt Flour	98–100 %	Dinkelvollkornbrote

WWF = Whole Wheat Flour / WRF = Whole Rye Flour / RMH = Roggenmehl hell / RMD = Roggenmehl dunkel / WSF = White Spelt Flour

Referenzwert zu gelangen. In der fünften Spalte ist zu sehen, wie viel Prozent des vollen Korns in etwa in den jeweiligen Mehltypen verbleiben, und in der sechsten Spalte ganz rechts werden die gängigsten Verwendungszwecke der jeweiligen Mehltypen aufgezeigt.

Je höher die Typenzahl, desto mehr Nährstoffe

Wie bereits erwähnt, reduziert sich der Mineralstoff- und der Vitamingehalt ebenso wie der Ballaststoffgehalt mit sinkendem Ausmahlungsgrad. Wenn es das Rezept bzw. die eigenen Geschmacksvorlieben zulassen, sollten daher möglichst oft Vollkorngetreide oder

Getreideerzeugnisse aus Mehlen mit möglichst hoher Typenzahl auf dem alltäglichen Speiseplan stehen.

Der Grund für den stark unterschiedlichen Gehalt an Nährstoffen in Vollkorn- und Weißmehlprodukten liegt in der ungleichen Verteilung der Inhaltsstoffe im Getreidekorn. Wie Abbildung 3 zeigt, nimmt der Mehlkörper mengenmäßig mit etwa 80 Prozent den mit Abstand größten Anteil im Getreidekorn ein. Er ist allerdings im Vergleich zu den anderen Bestandteilen des Korns verhältnismäßig nährstoffarm. Der Mehlkörper ist die Energiereserve des Keims und dient zu dessen Versorgung, wenn dieser keimt. Er besteht zu großen Teilen aus Stärke und ist recht arm an Vitaminen und Mineralstoffen. Ein Großteil der wertvollen Inhaltsstoffe liegt im Keimling selbst sowie in den Randschichten wie der Frucht- und Samenschale. Beide werden bei der Weißmehlproduktion überwiegend oder zur Gänze (je nach Ausmahlungsgrad) entfernt. Auch die biologische Wertigkeit des Getreideproteins (ein Parameter zur Beurteilung der Proteinqualität) nimmt mit abnehmendem Ausmahlungsgrad ab, da beispielsweise die Aminosäure Lysin, die im Getreide die begrenzende Aminosäure darstellt, immer weniger dicht konzentriert vorkommt, je weiter man zur Kornmitte kommt.

Da der Keimling und Teile der Randschichten aber nicht nur nährstoffreicher, sondern auch leichter verderblich sind, wurden diese Teile des Korns im Zuge der Industrialisierung der Mehlproduktion zur Verlängerung der Haltbarkeit entfernt. So wurde aus vollwertigem Getreide Auszugsmehle, die zwar lange Zeit haltbar – und aus heutiger Sicht für viele Menschen auch kulinarisch ansprechender – sind, aber dafür wesentlich nährstoffärmer. Wie hoch der Verlust an einzelnen Mineralstoffen, Vitaminen und an Ballaststoffen bei Auszugsmehlen im Vergleich zu Vollkornmehl ist, illustriert Abbildung 4.

Abb. 4: Nährstoffverluste von Auszugsmehl im Vergleich zu Vollkornmehl

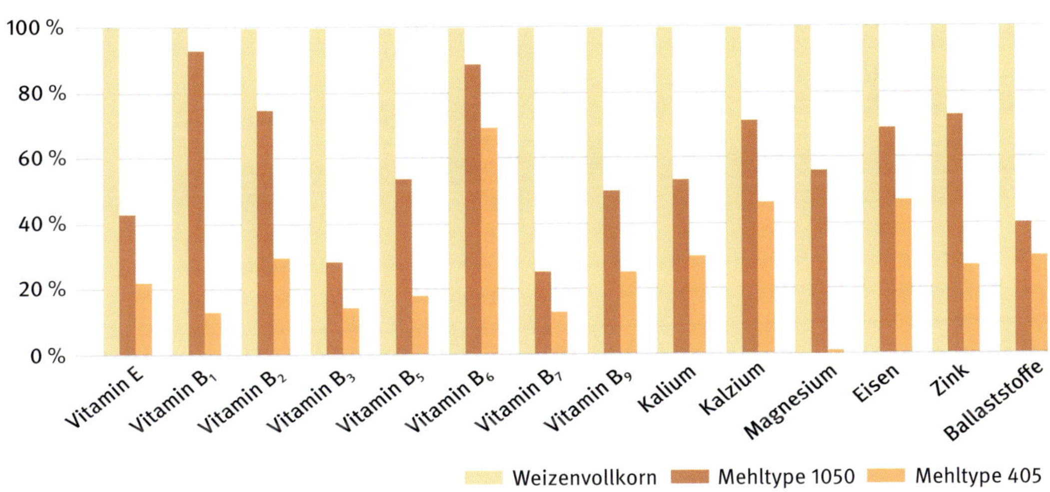

Umami-Gewürzzubereitungen

Fleischfans und Käseliebhaber schätzen sie über alle Maße, viele vegan lebende Menschen vermissen sie – ohne dabei überhaupt ihren Namen zu kennen – die Rede ist von der Geschmacksrichtung »Umami«, die leider allzu oft in pflanzlichen Gerichten unterrepräsentiert ist, obwohl sie das gar nicht sein müsste. Umami ist eine der mittlerweile sechs anerkannten Geschmacksrichtungen, zu denen die vier allseits bekannten Geschmäcke süß, sauer, bitter und salzig sowie die von allen sechs als letzte offiziell anerkannte Geschmacksrichtung »fettig« zählen, wie Abbildung 5 illustriert.

Mehr zu Fett als Geschmacksträger wurde bereits im Warenkundekapitel zu Ölen und Fetten geschrieben (▸ S. 33), und in diesem Kapitel geht es nun um Umami, jenen würzigen, kräftigen, deftigen Geschmack, den viele Menschen intuitiv mit tierischen Lebensmitteln assoziieren, den man allerdings auch in die vegane Ernährung integrieren kann.

Bekannt ist im Kontext des Umami-Aromas auch der Lebensmittelzusatzstoff Mononatriumglutamat, vereinfacht auch oft nur Glutamat (Salze der Glutaminsäure) genannt, der als Geschmacksverstärker Verwendung in der Lebensmittelindustrie findet. Dieser wird im

Abb. 5: Die sechs Geschmacksrichtungen im Überblick

Allgemeinen oft als negativ wahrgenommen und soll – anekdotischen Berichten zufolge – das sogenannte »Chinarestaurant-Syndrom« auslösen. Zu den vermeintlichen Symptomen gehören Kopfschmerzen oder Herzrasen. In mehreren kontrollierten klinischen Doppelblindstudien konnte allerdings kein signifikanter Zusammenhang zwischen dem Verzehr von Mononatriumglutamat und derartigen Symptomen bei jenen Personen gezeigt werden, die glaubten, negativ auf Glutamat zu reagieren. Auch offizielle Gesundheitsbehörden betonen nachdrücklich, dass es ausdrücklich keine Verbindung zwischen Mononatriumglutamat und derartigen schwerwiegenden Nebenwirkungen gibt und dass Glutamat keine gesundheitliche Gefahr darstellt.

Wie so oft ist es auch beim Thema Glutamat eher die Frage, welche Lebensmittel damit gewürzt werden. Dies ist viel entscheidender für die gesundheitliche Wirkung der Speisen als die Zugabe von Mononatriumglutamat selbst. Wenn Glutamat also hilft, gesunde Lebensmittel wohlschmeckender zu gestalten, spricht aus gesundheitlicher Sicht nichts gegen dessen Verwendung. Da derartige geschmacksverstärkende Substanzen auch natürlich in Lebensmitteln vorkommen, müssen selbst jene Personen, die nicht auf Glutamat zurückgreifen möchten (wofür es wie beschrieben aus gesundheitlicher Sicht aber keinen Grund gibt), dennoch nicht auf deftige Umami-Aromen verzichten. Dieser reichhaltige Geschmack wird unter anderem durch die in Lebensmitteln von Natur aus enthaltene Glutaminsäure erzeugt, die Teil vieler proteinhaltiger tierischer Produkte ist, aber ebenso auch in einer Reihe pflanzlicher Lebensmittel vorkommt. Auch Zubereitungsmethoden wie Backen und Braten bringen durch die Erzeugung von Röstaromen eine Menge Umami in Gerichte. Im Rahmen dieses Kochbuchs wird ebenfalls eine ganze Reihe an Umami-Lieferanten verwendet, um den allseits beliebten deftigen Geschmack auch in die pflanzliche Küche zu bringen. Neben einigen umamireichen Lebensmitteln werden vor allem auch diverse japanische Würzmittel wie Miso, Mirin, Sake, Umeboshi und weitere verwendet.

Diese sind selbstverständlich alles andere als »typisch ukrainisch«, aber sie helfen dabei, die beliebten deftigen Umami-Aromen der Tierprodukt-lastigen ukrainischen Küche auch in deren vegane Version zu bringen. Man findet diese etwas exotisch klingenden Würzmittel in Asia-Läden und ebenso in beinahe allen Bioläden und zum Teil sogar bereits in gut sortierten Supermärkten sowie in diversen Onlineshops. Nachfolgend werden einige der wichtigsten Umami-Lieferanten porträtiert und eine Reihe an selbstgemachten Umami-Gewürzzubereitungen vorgestellt, die auf diesen Lebensmitteln basieren.

Würzhefeflocken

Hierbei handelt es sich um eine durch Hitze inaktivierte Hefe, die neben einer hohen Dichte an B-Vitaminen auch sehr hohe Werte an Glutaminsäure aufweist und entsprechend umamireich ist. Es gibt viele Marken von unterschiedlicher Qualität und mit sehr unterschiedlichen Geschmäcken. Gute Hefeflocken sollten pur angenehm würzig und nicht bitter schmecken.

Hefeflocken zu gleichen Teilen mit gemahlenen Cashews oder blanchierten Mandeln (ohne Haut) sowie einer Prise Salz und Knoblauchgranulat ergeben eine exzellente **vegane Parmesanalternative**.

Getrocknete Tomaten

Reife Tomaten enthalten Glutamat zwar nur in Höhe von einem Zehntel der Menge von echten Umami-Granaten wie Parmesan, aber durch das Trocknen konzentriert sich das Umami-Aroma beträchtlich. Das macht getrocknete Tomaten und daraus hergestellte Produkte (Tomatenmark, Tomami (eine Umami-Würzsauce auf Tomatenbasis) und weitere konzentrierte Tomatenerzeugnisse) zu exzellenten Geschmacksverstärkern. Für ein **Tomaten-Umami-Gewürz** können getrocknete Tomaten (ohne Öl) zu gleichen Teilen mit einer Mischung aus pulverisierten getrockneten Pilzen und Hefeflocken gemischt werden.

Getrocknete Pilze

Durch den Trocknungsprozess entwickeln Pilze ein außerordentlich intensives Umami-Aroma. Vor allem getrocknete Shiitakepilze, aber auch Maitake- und Steinpilze sind besonders reich an Glutaminsäure. Man kann getrocknete Shiitakepilze im Mixer pulverisieren und einen gestrichenen Teelöffel davon jedem Gericht beigeben, dem man eine Extranote an Deftigkeit verleihen möchte. Alternativ kann man 20 g Trockenpilze und 100 g Salz im Mixer zu **Pilzsalz** verarbeiten und damit Speisen würzen.

Schwarzer Knoblauch

Durch einen speziellen Fermentationsprozess färbt sich Knoblauch schwarz und sein Aroma ändert sich von scharf in leicht süßlich. Außerdem wird die Konsistenz weich und ein wenig geleeartig. Die wichtigste Veränderung ist allerdings, dass fermentierter Knoblauch ein intensives Umami-Aroma sondergleichen entwickelt und zusätzlich im Gegensatz zu herkömmlichem Knoblauch keinen Mundgeruch verursacht, weil jene Substanzen (u. a. Allicin), die für den Mundgeruch verantwortlich sind, während der Fermentation abgebaut werden. Gemixt mit Sojasauce, Mirin und Sake lässt sich daraus eine köstliche **Knoblauch-Umami-Paste** herstellen.

Abb. 6: Japanische Gewürzpasten, Saucen und Getränke mit Umami-Aroma

Abseits dieser vier umamireichen Lebensmittel bzw. der daraus hergestellten Gewürzzubereitungen gibt es noch eine Reihe an japanischen umamihaltigen Pasten, Saucen und Getränken, die oft in den Rezepten dieses Buchs verwendet werden. Wenn sie bis dato noch kein fester Bestandteil der eigenen Küche sind, lohnt sich die Beschäftigung mit ihnen spätestens jetzt, da sie jede Form der (veganen) Küche immens bereichern.

Miso

Misopaste hat ihren Ursprung in Japan. Es handelt sich dabei um eine Würzpaste, die meist aus fermentierten Sojabohnen hergestellt wird und in unterschiedlichsten Sorten und Qualitäten erhältlich ist. Mittlerweile gibt es auch sojafreie Sorten aus Lupinen, Linsen oder Erbsen. Lange gereifte Sorten sind dunkel, fest und geschmacksintensiv, wohingegen die nur kurz gereiften Varianten heller und dezenter in ihrem Aroma sind. Tabelle 5 listet die gängigsten Miso-Varianten auf und beschreibt sie. Beginnend mit den mildesten Sorten, die auch gerade für Miso-»Anfänger« gut geeignet sind, bis hin zu den besonders intensiven, langjährig gereiften Sorten.

Misopasten können nicht nur für sich allein genommen verwendet, sondern auch zusammen mit anderen Kräutern und Gewürzen zu vorzüglichen **Miso-Würzpasten** verarbeitet werden. Miso zu gleichen Teilen mit einem Öl der Wahl und frischen Kräutern in

Tab. 5: Misosorten im Überblick

	Bezeichnung	Zutaten	Reifedauer	Aroma
Shiro Miso	Weißes Miso	Weißer Reis und Soja *(Mehr Reis als Soja)*	Bis zu 3 Monate	Mild und leicht süßlich
Shinshu Miso	Gelbes Miso	Weißer Reis und Soja *(Zu gleichen Teilen)*	Bis zu 6 Monate	Etwas intensiver als Shiro Miso
Aka Miso	Rotes Miso	Soja und weißer Reis *(Mehr Soja als Reis)*	Bis zu 2 Jahre	Kräftig und vollmundig
Genmai Miso	Braunes Miso	Soja und Vollkornreis *(Mehr Soja als Reis)*	Bis zu 2 Jahre	Kräftig, vollmundig, Leicht bitter
Hatcho Miso	Schwarzes Miso	Sojabohnen *(Reines Soja-Miso)*	Bis zu 3 Jahre	Sehr kräftig, leicht bitter und malzig

einem Food-Processor oder Mixer zerkleinert, ergibt eine schmackhafte Würzpaste. Diese kann mediterran (z. B. hochwertiges Olivenöl, Basilikum und Oliven), asiatisch (Erdnussöl, Koriander und Ingwer) oder ukrainisch (Sonnenblumenöl, Dill und Knoblauch) zubereitet werden.

Umeboshi

Als Umeboshi werden in Salz und roten Shiso-Blättern eingelegte japanische Pflaumen bezeichnet. Das Einlegen führt zur Milchsäuregärung vergleichbar mit der Sauerkrautherstellung. Nach ein- bis zweimonatiger Gärung und anschließender Trocknung reifen die Ume-Früchte noch ein bis zwei Jahre zusammen mit den Shiso-Blättern in Fässern, wodurch die vormals hellen Pflaumen ihre charakteristische Farbe von den purpurnen Shiso-Blättern aufnehmen und einen intensiven sauer-salzigen Geschmack sowie eine kräftige Umami-Note entwickeln. Sie können sowohl im Ganzen als auch zu einer Paste verarbeitet gekauft werden.

Mit Hilfe der Paste lässt sich auch ein sehr schmackhaftes **Umeboshi-Salatdressing** zubereiten. Hierfür beispielsweise 2 EL Umeboshi-Paste, 3 EL Öl nach Wahl (z. B. Kürbiskernöl), 1 EL Essig nach Wahl (z. B. Apfelessig) und 1 EL Süßungsmittel nach Wahl (z. B. veganer Honig) verrühren und nach Belieben zu diversen Salaten als Dressing reichen.

Tamari

Vereinfacht gesagt sind Tamari-Saucen weizenfreie Sojasaucen. Echtes Tamari hat ein reichhaltigeres Geschmacksprofil als Sojasauce (auch Shoyu genannt) und ist etwas dickflüssiger. Ursprünglich war Tamari ein Nebenprodukt der Miso-Produktion. Die über viele Monate für die Miso-Produktion fermentierte Soja-Paste wurde am Ende der Reifungszeit in Holzfässern durch Tücher gepresst, der feste Teil wurde zu Miso und die abgeronnene Flüssigkeit zu Tamari. Wenn kein Tamari zur Hand ist (und keine Erkrankung mit Einfluss auf die Glutenverträglichkeit besteht), kann jedes der Gerichte in diesem Buch auch mit Shoyu zubereitet werden. Aus Gründen der Einfachheit sprechen wir im Rezeptteil stets einfach von Sojasauce (Shoyu), da diese Bezeichnung deutlich bekannter ist. Egal ob Shoyu oder Tamari: Wenn möglich sollten salzreduzierte Sorten verwendet werden, um den Gesamtgehalt an Salz in der Ernährung zu reduzieren, da ein zu hoher Salzverzehr bzw. die daraus entstehenden Folgeerkrankungen (u. a. Bluthochdruck) zu den größten Risikofaktoren für die menschliche Gesundheit zählen.

Eine auf Basis von Tamari- bzw. Shoyu-Sauce hergestellte Sauce ist die **Ponzu-Sauce.** Diese enthält zusätzlich noch Zitrusfrüchte, Mirin und Algen (sowie im Original auch Fisch), ein Rezept hierfür findet sich auf Seite 66.

Mirin

Mirin ist ein süßer japanischer Reiswein aus Wasser, Klebreis (mit Kōji geimpft) und Shōchū (japanischer Branntwein). Kōji (Aspergillus flavus var. Oryzae) ist der wichtigste Schimmelpilz der japanischen Küche, da er sowohl zur Herstellung von Miso und Shoyu/Tamari als auch von Sake, Amazake (süßer Sake) und eben Mirin verwendet wird. Der Alkoholgehalt von echtem Mirin beträgt ca. 14 Volumenprozent. Mirin wird zwar weitläufig als Reiswein bezeichnet, wird aber kaum als Getränk benutzt, sondern fast ausschließlich zum Kochen. Vor allem in der bekannten Teriyaki-Sauce spielt Mirin eine tragende Rolle, aber auch in den Rezepten in diesem Buch wird Mirin oft verwendet, um Gerichten das gewisse Etwas zu verleihen.

Für eine selbstgemachte **Teriyaki-Sauce** kann man eine Knoblauchzehe und ein kleines Stück geschälten Ingwer fein hacken, in zwei EL Bratöl (High-Oleic-Sonnenblumenöl, Sesamöl etc.) andünsten, 30 g Zucker in die Pfanne geben und unter Rühren schmelzen lassen sowie 100 ml Sojasauce, 100 ml Mirin und 50 ml Sake hinzugeben, umrühren und bei mittlerer Hitze 5 Minuten einreduzieren lassen.

Sake

Sake ist ein aus poliertem Reis gebrautes alkoholisches Getränk aus Japan mit 15 bis 20 Volumenprozent Alkohol. Im Gegensatz zu Mirin wird Sake sehr häufig als Getränk serviert. So wie in der europäischen Küche oft mit Wein gekocht wird, wird in der japanischen Küche häufig Sake zum Kochen verwendet. Auf Deutsch wird Sake oftmals irreführenderweise als Reiswein bezeichnet, obwohl er herstellungstechnisch eher einem Bier nahekommt, da die Stärke aus dem Reis für die alkoholische Gärung erst zu Zucker aufgeschlossen werden muss. Sake wird geschmacklich unter anderem anhand des Poliergrads unterschieden. Dieser wird in Prozent angegeben, die Zahl zeigt den Verbleib des ursprünglichen Reiskorns. Je größer die Zahl ist, desto weniger wurde vom ganzen Reiskorn wegpoliert. Je kleiner die Prozentzahl ist, umso mehr wurde der Reis poliert. Je kleiner der Poliergrad, desto feiner und aromatischer wird der Sake.

Sake ist Teil diverser japanischer Würzsaucen wie der zuvor vorgestellten Ponzu-Sauce, aber auch die sogenannte **Okonomiyaki-Sauce** (z. B. als Dip für unsere Buchweizen-Arancini, ▸ S. 119) wird mit Sake zubereitet. Hierfür einfach 100 g Ketchup, 2 EL Worcestershiresauce, 1 TL Senf, 2 EL Sake, 1 TL Mirin, 1 TL Tamari/Sojasauce/Shoyu sowie 3 EL veganen Honig (oder anderes Süßungsmittel) in einer beschichteten Pfanne vermengen und 3 Minuten köcheln lassen. Ist die Sauce zu scharf, etwas mehr Süßungsmittel, ist sie zu süß etwas mehr Tamari/Shoyu hinzugeben.

Sprossen und Microgreens

Nein, Microgreens (zu Deutsch Mikrogrün; Junggemüse) und Sprossen sind weder Teil der traditionellen ukrainischen Kochkultur noch ein zwingender Teil der veganen Ernährung, aber aufgrund ihres hohen Nährwerts und ihres dekorativen Äußeren, sind sie in der gehobenen Gastronomie unabhängig von der jeweiligen Landesküche ein gern verwendetes Garniturelement und spielen daher auch in der Gourmetküche von Lukas eine relevante Rolle.

Grundsätzlich können sämtliche Gerichte dieses Kochbuchs auch ohne Microgreens und Sprossen als Garnitur serviert werden und funktionieren geschmacklich dennoch hervorragend. Aber wenn man das letzte i-Tüpfelchen in Sachen Optik, Textur, Geschmack und nicht zuletzt den gesundheitlichen Mehrwert erhalten möchte, lohnt sich die Beschäftigung mit den kleinen Pflänzchen.

In diesem Kapitel wird beschrieben, was Sprossen und Microgreens sind, was sie voneinander unterscheidet und wieso die Anzucht sowie der Konsum von Mikrogrün sicherer und kulinarisch wertvoller als jener von Sprossen ist. Deshalb konzentriert sich das nachfolgende Kapitel nach einer kurzen Abhandlung zu Sprossen auch ausschließlich auf Microgreens und zeigt auf, wie man sie zu Hause einfach selbst ziehen kann. Zudem werden einige der wichtigsten Microgreens porträtiert.

Unterschiede zwischen Sprossen und Mikrogrün (Microgreens)

Als Sprossen werden aus Samenkörnern gekeimte Jungpflanzen bezeichnet. Potenziell können Sprossen aus vielen gängigen Hülsenfrüchten (z. B. Linsen, Mungbohnen, Erbsen etc.) und (Pseudo-) Getreidekörnern (z. B. Buchweizen, Quinoa, Dinkel, Weizen etc.) hergestellt werden und auch zahlreiche Samen von Gemüsen (z. B. Brokkoli, Radieschen, Rotkohl, Zwiebel etc.) können zu schmackhaften und nährstoffreichen Sprossen herangezogen werden. Lässt man Sprossen weiter gedeihen, entsteht aus ihnen sogenanntes Mikrogrün (Microgreens), wobei nicht alle Samen, aus denen schmackhafte Sprossen gezogen werden können, auch dazu geeignet sind, als Mikrogrün kultiviert zu werden.

Im Gegensatz zu Sprossen, bei denen man das Samenkorn samt dem Keimling verzehrt, wird beim Mikrogrün der aus dem Samenkorn entstandene Stängel samt frisch ausgebildetem Keimblatt gegessen und nicht der Samen bzw. dessen Wurzeln. Abbildung 7 illustriert die Unterschiede zwischen Sprossen und Mikrogrün.

Abb. 7: Vergleichende Darstellung von Sprossen und Mikrogrün

Sowohl Sprossen als auch Microgreens können bei richtiger Handhabung einwandfrei genießbare und sichere Lebensmittel sein. Im direkten Vergleich ist Mikrogrün aber deutlich einfacher in der Handhabung und das Risiko für gesundheitlich abträgliche Auswirkungen durch den Verzehr von Microgreens ist um ein Vielfaches geringer als bei Sprossen. Daher konzentrieren wir uns in diesem Kapitel auf Mikrogrün und empfehlen auch für den Eigenanbau zu Hause Microgreens statt Sprossen.

Das Kernproblem der Sprossenzucht liegt darin, dass sie, ebenso wie Bakterien, am besten in feuchtem Milleu bei warmen Temperaturen gedeihen. Laut der U.S. Food and Drug Administration (FDA) sind Sprossen sogar ein »High risk«-Lebensmittel und daher wird vor allem Kindern, älteren Menschen, Schwangeren und Personen mit eingeschränkter Immunabwehr vom Verzehr von Sprossen abgeraten. Dies liegt daran, dass in der Vergangenheit immer wieder kontaminierte Sprossen in Umlauf waren, die zu teils schweren Lebensmittelvergiftungen samt Symptomen wie Durchfall, Erbrechen, Bauchkrämpfen und Fieber im Zeitraum von 12–72 Stunden nach dem Verzehr dieser belasteten Sprossen führten. Dies gilt nicht für Microgreens, da beim Mikrogrün die Wurzel des Samens nicht mitverzehrt wird und diese aufgrund der Anbaubedingungen besser belüftet werden.

Diese kurze Abhandlung soll keinesfalls Angst vor Sprossen schüren. Sie soll aber dafür sensibilisieren, dass man Sprossen besonders sorgfältig handhaben sollte und insbesondere im Supermarkt in Folie verpackte Sprossen eher meiden und sie – wenn überhaupt – selbst unter kontrollierten Bedingungen ziehen sollte. Wenn man gekaufte Sprossen verzehren möchte, sollten diese zumindest kurz abgekocht werden. Die nachfolgende Abhandlung konzentriert sich daher auf Mikrogrün, dass nicht nur sicherer, sondern auch dekorativer und geschmacklich attraktiver ist.

Der wesentliche Vorteil, den Mikrogrün gegenüber seinen ausgewachsenen Äquivalenten (also z. B. Rotkohl-Mikrogrün im Vergleich zu herkömmlichem Rotkohl) hat, ist neben den optischen und kulinarischen Qualitäten der höhere Nährwert. Vergleicht man den durchschnittlichen Nährstoffgehalt von beispielsweise 100 g ausgewachsenem Rotkohl mit dem von 100 g Rotkohl-Microgreens, sind letztere um ein Vielfaches nährstoffreicher. Nun kann man allerdings einwenden, dass man durchschnittlich ein Vielfaches an Rotkohl im Vergleich zu Rotkohl-Microgreens essen kann (sowohl aufgrund des Preises als auch der Verfügbarkeit) – und damit hat man durchaus recht –, jedoch muss es keine Entweder-oder-Entscheidung zwischen den beiden sein. Nachfolgend werden einige der gängigsten, leckersten und schönsten Microgreens porträtiert und es wird aufgezeigt, worauf es bei deren Anzucht ankommt.

Einer der wenigen Samen, die nicht zu Mikrogrün herangezüchtet werden sollten, ist Buchweizen, da dieser nach wenigen Tagen des Keimens einen Stoff namens Fagopyrin in größerer Menge bildet, der eine Krankheit namens Fagopyrismus (im Volksmund ›Buchweizenkrankheit‹) begünstigt. Zu den Symptomen dieser Krankheit beim Menschen gehören Hypersensibilität gegenüber Sonnenlicht sowie Taubheitsgefühl, Kribbeln und Stechen in Gesicht, Nase und Ohren. Gerade in der Rohkost-Community, in der Buchweizen-Mikrogrün in diversen Retreat-Centern zu Saft gepresst oder zu Smoothies verarbeitet in großen Mengen getrunken wurde, waren diese Symptome immer wieder anzutreffen. Daher sollte Buchweizen lediglich zu Sprossen gekeimt werden, da sich innerhalb der ersten Tage des Keimens keine relevanten Mengen an Fagopyrin bilden.

Microgreen-Porträts

Rote Bete

Das Mikrogrün der roten Bete ist je nach den Außenbedingungen nach 10 bis 12 Tagen erntereif und die Samen müssen vor der Aussaat nicht eingeweicht werden. Das Aroma ist mild, leicht erdig-süß und ähnelt dem der ausgewachsenen Rote-Bete-Blätter, es ist allerdings etwas leichter und frischer. Aufgrund der intensiv rosaroten Stiele und den intensiv-grünen Blättern, sind diese Microgreens ganz besonders dekorativ. Ähnlich wie ausgewachsene Rote Bete (allerdings in geringerem Maße) »blutet« auch der Stiel des Rote-Bete-Mikrogrüns, wenn er geschnitten wird.

Knoblauch

Das Knoblauch-Mikrogrün ist je nach den Außenbedingungen nach 12 bis 14 Tagen erntereif und die Samen müssen vor der Aussaat nicht eingeweicht werden. Die Samen zur Anzucht sind meist unter dem Begriff »Schnitt-Knoblauch« oder »Chinesischer Porree« zu finden. Das Aroma ist dezent knoblauchartig und leicht scharf. Der Atem riecht allerdings nicht so langanhaltend wie beim Verzehr von klassischem Knoblauch. Das Schnitt-Knoblauch-Mikrogrün behält seine dekorative schwarze Samenhülle bis zum Ende, da es geerntet wird, kurz bevor sich die Keimblätter entfalten. Die Hülle kann problemlos mitgegessen oder mit einem Messer recht einfach entfernt werden.

Erbse

Das Mikrogrün der Erbse ist je nach den Außenbedingungen nach 8 bis 10 Tagen erntereif. Im Gegensatz zu den zuvor gezeigten Micrograns müssen die getrockneten Erbsensamen vor der Aussaat etwa acht Stunden (oder über Nacht) in lauwarmem Wasser eingeweicht werden. Das Verhältnis von Einweichwasser zu Erbsen sollte mindestens 2:1 betragen. Das Aroma des Erbsen-Mikrogrüns ist mild-würzig bis süßlich und ähnelt frischen Zuckererbsen. Der Biss ist knackig und saftig. Äußerlich bestechen sie durch ihre leicht gekringelten Ranken und die charakteristischen Erbsen-Keimblätter. Sie sind deutlich größer als andere Microgreens und haben einen robusteren Stil, wodurch sie als Garnitur auch schön angeordnet in Speisen aufgestellt und nicht nur darüber gestreut werden können.

Rotkohl

Das Mikrogrün des Rotkohls ist je nach den Außenbedingungen nach 10 bis 12 Tagen erntereif und die Samen müssen vor der Aussaat nicht eingeweicht werden. Als Vertreter der Familie der Kreuzblütler weist er das für diese Gemüseart typische kohlartige Aroma auf, jedoch deutlich dezenter als im ausgewachsenen Zustand. Aufgrund der zart-violetten Stiele und den dunkelgrünen Blättern sind diese Microgreens äußerst dekorativ. Wie alle anderen Microgreens schmeckt auch der Mini-Rotkohl am besten frisch, verliert schon nach wenigen Stunden nach Ernte einen Teil des Aromas und sollte daher erst kurz vor dem Verzehr geerntet werden.

Kresse

Das Mikrogrün der Kresse ist je nach den Außenbedingungen bereits nach 6 bis 8 Tagen erntereif (unter Idealbedingungen sogar schon nach 4 bis 5 Tagen) und ist somit eines der am schnellsten wachsenden Microgreens. Auch bei der Kresse müssen die Samen vor der Aussaat nicht eingeweicht werden. Kresse stellt den Klassiker unter den Microgreens dar, den selbst Leute, die noch nie von Mikrogrün gehört haben, aus dem Supermarkt kennen, da die kleinen Kresse-Schälchen dort allgegenwärtig sind. Das Aroma ist nussig-pikant und erfrischend mit leichter Schärfe. Ebenso wie anderes Mikrogrün sollte auch die Kresse nach der Ernte nicht nochmals gewaschen werden, da die Keimblätter sonst schnell matschig werden.

Sonnenblume

Das Mikrogrün aus Sonnenblumenkernen ist je nach den Außenbedingungen nach 8 bis 10 Tagen erntereif. Aufgrund der Größe der Kerne und ihrer harten Schale (es sollten stets ungeschälte Sonnenblumenkerne verwendet werden!) müssen die Sonnenblumenkerne vor der Aussaat etwa 12 Stunden in lauwarmem Wasser

eingeweicht werden. Das Verhältnis von Einweichwasser zu Sonnenblumenkernen sollte mindestens 4:1 betragen. Nach 12 Stunden werden die Samen abgespült und erneut für etwa 12 Stunden in Wasser eingeweicht und anschließend gesät. Das frische Grün der Sonnenblume hat einen angenehm nussigen Geschmack mit einer dezenten Note von frischem Sonnenblumenöl und einen knackigen und saftig-frischen Biss.

Rucola

Das Rucola-Mikrogrün ist je nach den Außenbedingungen nach 8 bis 10 Tagen erntereif und die Samen müssen vor der Aussaat nicht eingeweicht werden. Obwohl Rucola (auch Rauke genannt) eine Vertreterin der Familie der Kreuzblütler ist, weist sie mitunter die geringste kohlartige Aromanote auf. Im Gegensatz zu ausgewachsener Rucola, die eine gewisse Schärfe hat, ist Rucola-Mikrogrün deutlich milder. Wie alle anderen Microgreens sollten auch die Rucola-Microgreens knapp über dem Boden mit einer sauberen Schere oder einem Messer abgeschnitten werden, ohne dass Erdreste an die Pflanze gelangen (sofern sie überhaupt in Erde gezüchtet wurde).

Schritt-für-Schritt-Anleitung zur Mikrogrün-Zucht

Mikrogrün zu Hause selbst zu ziehen ist keine Raketenwissenschaft und kann bei Beachtung weniger Tipps einfach im Alltag umgesetzt werden. Es gibt hierfür eigene Gefäße, welche die Anzucht erleichtern, aber für den Anfang können bei knappem Budget (vor allem für besonders schnell und einfach zu züchtende Microgreens wie Kresse) auch einfach ein angefeuchtetes Küchentuch oder Watte auf einem Teller platziert und die Samen darüber gestreut werden. Dennoch ist eine Keimschale für Mikrogrün auf Dauer eine gute Investition, die sich schnell bezahlt macht. Nachfolgend werden in Abbildung 8 die wichtigsten Schritte in der Anzucht von Microgreens dargestellt.

1. Das Keimgitter auf die Auffangschale der Keimschale setzen und die Samen (ca. 1 EL für eine mittelgroße Keimschale) gleichmäßig darauf verteilen. Im Anschluss die Schale mit Wasser befüllen bis dieses das Gitter von unten berührt. Dann die Samen mit einer Sprühflasche mit Wasser besprühen, sodass alle Samen gut benetzt sind. Zu Beginn die Keimschale noch an einem schattigen Platz vor direkter Sonneneinstrahlung schützen. Wenn sich die ersten kleinen Keimblätter bilden, braucht das Mikrogrün allerdings Licht.
2. Bis zur Ernte die Samen 2 × täglich (an sehr heißen Tagen 3 ×) mit der Wassersprühflasche befeuchten.
3. Alle zwei Tage das Wasser in der Keimschale wechseln.
4. Je nach Sorte kann das Mikrogrün nach 6–14 Tagen (▸ Mikrogrün-Porträts) geerntet und die Keimschale danach gründlich gereinigt werden.

Abb. 8: Schritt-für-Schritt-Anleitung zur Zucht von Mikrogrün

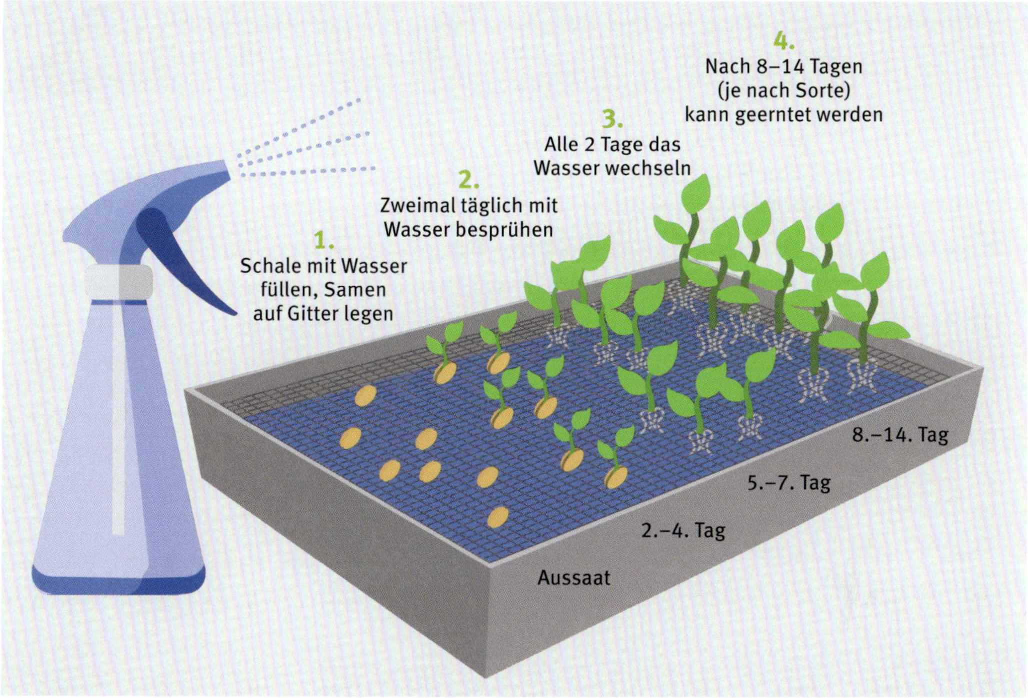

Tipps zur richtigen Handhabung

Um keinerlei Risiko bei der Anzucht von Mikrogrün einzugehen, sollten die nachfolgenden Tipps zur sachgerechten Handhabung stets eingehalten werden. Ist dies der Fall, steht einem regelmäßigen Konsum von Microgreens in jeder Lebensphase nichts im Weg:

- Hitzebeständige Keimbehältnisse aus Keramik, Glas, Metall etc. sollten im Ofen bei 100 °C für 15 Minuten sterilisiert werden.
- Alle Anzuchtgefäße stets sauber halten und nach jedem Gebrauch gründlich reinigen.
- Mikrogrün während des Keimprozesses stets auf Schimmel kontrollieren, jedoch den weißen Flaum, der bei vielen Sorten zu Beginn entsteht, nicht mit Schimmel verwechseln – das sind lediglich die feinen Wurzelfäden (▸ Abb. 9).
- Microgreens im Kühlschrank auf der zweiten Ebene (über dem Gemüsefach) mitsamt der Anzuchtschale lagern, da dies mit 2–3 °C der durchschnittlich kälteste Ort im Kühlschrank ist.

Abb. 9: Wurzelhärchen an Mikrogrün

Rezepte

Ukrainische Klassiker veganisiert

Kreiert von Lukas Jakobi
und Kateryna Kuprych

Fotografiert von Olga Drach
und Evgeniya Drach

Unter Mithilfe von Niko Rittenau
und Stefanie Heuseck

Die nachfolgenden Rezepte werden am besten im Sinne eines Shared-Dinner-Konzepts nach dem Motto »Sharing is caring« gereicht. So werden (je nach Größe des Hungers bzw. Auswahl der Komponenten) für ein 4-Personen-Dinner 3–5 der Rezepte aus den nachfolgenden 4 Hauptkategorien zubereitet. Auf großen Platten oder Tellern in der Mitte des Tisches verteilt, kann sich jeder Gast davon bedienen. Das fördert eine gemütliche Atmosphäre sowie gute Tischgespräche (mehr dazu ab Seite 25).

Basics: Pasten, Dips, Saucen und mehr

Vegane Mayonnaise, Röstzwiebel (oben links)
Auf Salz gegarte Rote Bete (rechts)
Aquafaba-Schnee (Mitte)

Aquafaba-Schnee

Zubereitungszeit: 10 Minuten

Flüssigkeit aus einer Dose Kichererbsen (120 ml)
½ Teelöffel Weinsteinbackpulver (optional)
½ Teelöffel Zitronensaft (optional)
½ Teelöffel Xanthan, Johannisbrotkern- oder Guarkernmehl (optional)

1. Kichererbsen aus der Dose mit einem Sieb abseihen und das abfließende Kichererbsenwasser in einem Gefäß auffangen.
2. Das Kichererbsenwasser (sowie optional Weinsteinbackpulver, Zitronensaft und eines der Verdickungsmittel) in eine Rührschüssel geben und mit dem Mixer (Elektro-Handmixer bzw. Küchenmaschine) auf höchster Stufe 4–5 Minuten aufschlagen, bis die Flüssigkeit deutlich an Volumen zugenommen hat und geschlagenem Eischnee ähnelt.

Tipps

Zum Umgang mit Aquafaba

- Aquafaba (das Kochwasser der Kichererbsen) hält sich im Kühlschrank etwa eine Woche.
- Portionsweise eingefroren kann man es ein halbes Jahr tiefgekühlt aufbewahren.
- Weinsteinbackpulver im Aquafaba lässt den veganen Eischnee beim Aufachlagen und daraus hergestellte Produkte fluffiger werden.
- Die Zugabe von Zitronensaft bewirkt eine längere Festigkeit des Schnees.
- Aquafaba sollte für optimale Ergebnisse nicht zu kühl, sondern bei Zimmertemperatur verarbeitet werden.
- Verdickungs- bzw. Bindemittel verbessern beim Aufschlagen von Aquafaba zusätzlich die Textur. Xanthan und Guarkernmehl haben in etwa diese Bindekraft, wohingegen Johannisbrotkernmehl eine etwas geringere Bindekraft besitzt.

Auf Salz gegarte Rote Bete

Foto auf Seite 60
Zubereitungszeit: 70 Minuten

4 bis 8 Rote Bete
(je nach Größe, ca. 1,5 kg)
400 g grobes Meersalz

1. Den Boden eines ofenfesten Gefäßes (z. B. Römertopf oder vergleichbare Gefäße) mit Salz füllen und die ungeschälte rohe Rote Bete (ohne Öl!) hineingeben.
2. Bei 160 °C für 50–70 Minuten (je nach gewünschter Bissfestigkeit) im Ofen garen. Wenn die Bete direkt verwendet wird, dann diese von Salzresten befreien, schälen und, wie in den Rezepten vorgesehen, zubereiten.

Das **Salz** kann für mehrere Ofen-Garvorgänge wiederverwendet werden. Die **gegarte Rote Bete** hält sich in einer Frischhaltebox im Kühlschrank 5–7 Tage (oder noch länger tiefgefroren).

Vegane Mayonnaise

Foto auf Seite 60
Zubereitungszeit: 5 Minuten

200 g Sojadrink (zuckerfrei)
600 g neutrales Öl
(z. B. Sonnenblumenöl)
5 g gemahlener Pfeffer
(z. B. Cayennepfeffer)
15 g Salz

Sämtliche Zutaten in einen Mixbecher geben und mit einem Stabmixer zu einer glatten Mayonnaise verarbeiten. Alternativ auch mit dem Schneebesen oder Standmixer aufschlagbar.

Die **Mayonnaise** ist im Kühlschrank in einem gut verschlossenen Gefäß bis zu einer Woche haltbar. Portionsweise eingefroren (z. B. in Eiswürfelformen) hält sie bis zu 6 Monate.

Röstzwiebeln

Foto auf Seite 60
Zubereitungszeit: 20 Minuten, 120 Minuten Trocknungszeit

3 Metzgerzwiebeln (große Metzgerzwiebeln)
80 g Mehl (z. B. Reis- oder Weizenmehl)
3 TL Salz
1 TL Pfeffer (z. B. Cayennepfeffer)
2 TL (geräuchertes) **Paprikapulver**

Außerdem:
1 Liter Frittieröl
Backpapier und Küchenkrepp

1. Zwiebeln in feine Ringe schneiden (mit Messer oder Hobel).
2. Mehl und Paprikapulver in einer Schüssel vermengen und gleichmäßig über die Zwiebelringe geben.
3. Das Frittieröl in einem Topf erhitzen (ca. 180 °C), die Zwiebelringe darin in kleinen Portionsmengen nacheinander frittieren und anschließend 2 Stunden in der Sonne (oder 1 Stunde im Backofen bei 50 °C Umluft) trocknen lassen.

Tipp

Am gleichmäßigsten kann das Mehl mit einem feinen Sieb über die Zwiebeln gestreut werden.

Wichtig: Die Röstzwiebeln müssen vollständig getrocknet sein, um nicht zu schnell zu verderben. Sie halten sich nach vollständiger Trocknung im Ofen mindestens 2 Wochen gut verschlossen im Schrank, schmecken aber frisch am besten.

Alternativ zum Frittieren können die Zwiebelringe auch in Bratöl in einer beschichteten Pfanne gedünstet werden. Anschließend Hitze reduzieren, Mehl und Paprikapulver in die Pfannen geben, umrühren und kurz weitergbraten. Alle Zwiebelringe auf zwei Backbleche (mit Backpapier ausgelegt) verteilen und bei 180°C Umluft für etwa 10–15 Minuten backen. Abschließend raus aus dem Ofen, auf Küchenkrepp abtropfen lassen und dann für weitere 2 Stunden bei 50°C Umluft im Ofen trocknen lassen.

Geräuchertes Öl (oben links)
Oliven-Kapern-Paste (oben rechts)
Vegane Ponzu-Sauce (rechts)
Gemüsebrühe-Paste (Mitte)

Gemüsebrühe-Paste

Zubereitungszeit: 30 Minuten

½ Knollensellerie (ca. 400 g)
1–2 Karotten
(je nach Größe, ca. 300 g)
1–2 Zwiebeln
(je nach Größe, ca. 200 g)
1 Stange Lauch (ohne Wurzeln und Blattenden = ca. 150 g)
5 Knoblauchzehen
50 g Petersilie (mit Stielen)
3 EL getrockneter Liebstöckel
10 g getrocknete Shiitakepilze oder 2 EL Hefeflocken
100 g Steinsalz
150 ml extra natives Olivenöl
100 ml Sojasauce
3 EL Shiro Miso oder 1 EL Genmai Miso

1. Zwiebel, Sellerie und Karotte schälen, den Lauch waschen und putzen, und alle Gemüse sowie den geschälten Knoblauch und die Petersilie im Food-Processor zu einer leicht grobkörnigen Paste pürieren.
2. Die grobkörnige Gemüsepaste zusammen mit dem Olivenöl, der Sojasauce und dem Miso in einem Topf mit Deckel etwa 15 Minuten sanft köcheln lassen.
3. In den letzten Minuten der Garzeit die trockenen Zutaten (Liebstöckel, Pilzpulver bzw. Hefeflocken) sowie das Salz hinzugeben und solange rühren, bis alles homogen in der Masse verteilt ist.
4. Die Gemüsebrühenpaste am Ende des Garvorgangs in sterile Schraubgläser* abfüllen, diese verschließen und auf dem Deckel stehend abkühlend lassen.

Zur Herstellung einer Gemüsebrühe
Die Gemüsebrühenpaste ca. 10 Minuten in Wasser aufkochen (ca. 2 EL auf 1 l Wasser).

Zum Würzen
Die Paste kann nach Belieben in jedes pikante Rezept gegeben werden, um dessen Geschmack zu intensivieren. Wenn die Gemüsebrühenpaste zugegeben wird, muss deren Salzgehalt allerdings durch weniger Verwendung von Salz im restlichen Rezept kompensiert werden.

* Um die Gläser garantiert keimfrei zu bekommen, werden diese (ohne Deckel!) im Backofen bei 120 °C für 10 Minuten sterilisiert. Die Deckel werden in einem Topf in kochendem Wasser für eine Minute gekocht.

Info: Die geöffneten Gläser mit Gemüsebrühepaste sollten nach dem erstmaligen Öffnen gut verschlossen im Kühlschrank gelagert und innerhalb von 3 Wochen aufgebraucht werden. Alternativ kann die Paste auch portionsweise in Eiswürfelformen gefüllt und tiefgefroren werden.

Vegane Ponzu-Sauce

Foto auf Seite 60
Ergibt etwa einen halben Liter

100 g Sake
100 g Mirin (süßlicher Reiswein)
50 g Wasser
50 g Puderzucker
3 g Nori-Flocken (ca. ein Noriblatt)
100 g salzreduzierte Sojasauce
50 g Zitronensaft
50 g Orangensaft

1. Sake, Mirin, Wasser und Puderzucker aufkochen lassen und direkt nach dem Aufkochen den Herd ausschalten.
2. Sojasauce, Zitronen- und Orangensaft hinzugeben, durchmischen und abkühlen lassen.
3. Wenn die Ponzu-Sauce abgekühlt ist, portionsweise in Eiswürfelformen einfrieren, für bis zu 3 Monate im Kühlschrank lagern oder direkt verwenden.

Ponzu-Sauce kann auch fertig gekauft werden, ist aber aufgrund des häufig verwendeten Dashi (Fischsud aus Fischflocken) in den meisten Fällen nicht vegan.

In der ursprünglichen Variante enthält Ponzu-Sauce Kombu-Alge. Aufgrund des sehr hohen Jodgehalts wird in der hier gezeigten Variante Nori verwendet, die deutlich weniger jodreich ist.

Oliven-Kapern-Paste

Foto auf Seite 60
Zubereitungszeit: 5 Minuten

200 g schwarze Oliven
(entkernt, in Öl eingelegt)
30 g Kapern
(in Essiglake eingelegt)
1 EL mittelscharfer Senf
30 ml extra natives Olivenöl
Salz und Pfeffer

1. Die Kapern aus der Salzlake nehmen und zusammen mit den entkernten Oliven in einem Food-Processor (alternativ per Hand mit dem Messer) fein zerkleinern.
2. Die Oliven-Kapern-Masse mit dem restlichen Olivenöl und dem Senf vermengen und mit Salz und Pfeffer abschmecken

Geräuchertes Öl

Foto auf Seite 60

300 ml Öl
(Entweder Olivenöl oder Raps- bzw. Sonnenblumenöl)

1. In einem Grill (muss zwingend gänzlich schließbar sein) das Brennholz* bis zur Glut abbrennen lassen.
2. Das Öl in eine feuerfeste Form gießen und ein kleines Stück eines frischen, aromatischen Holzes (z. B. Buchenholz) auf die Glut geben. Den Grillrost über die Glut legen, die Form mit dem darin befindlichen Öl daraufstellen und den Deckel des Grills sofort schließen.
3. Die Form mit dem Öl nach 15 Minuten herausnehmen, abkühlen lassen und in gut verschließbare Flaschen umfüllen.

Alternative: Wenn man keinen Grill zur Verfügung hat, kann man entweder geräucherte Öle fertig zubereitet kaufen oder geräuchertes Salz (Rauchsalz) verwenden.

* Grundsätzlich kann beinahe jede **Holzart zum Räuchern** verwendet werden. Zu beachten ist lediglich, dass es wirklich trocken, gut abgelagert und arm an Harz ist.

Adjika (Brot links)
Bilochka-Salat (Mitte)
Auberginen-Ikra (rechts)

Vegane Version des ukrainischen Eier-Käse-Salats

Bilochka-Salat

Zubereitungszeit: 35 Minuten + 2 Stunden Ziehdauer

100 g kleine Nudeln (z. B. Conchigliette oder Risoni)
200 g gekochte Kichererbsen (Dose/Glas)
1–2 Karotten (je nach Größe, insgesamt ca. 150 g)
2 Schalotten (oder 1 mittelgroße Zwiebel)
100 g vegane Mayonnaise (▸ S. 62)
50 g Sojajoghurt Natur (ungesüßt)
100 g veganer Scheibenkäse
1 EL mittelscharfer Senf
½ TL Kurkuma
3 EL Schnittlauch (in feine Röllchen geschnitten)
½ TL Kala Namak*
Salz und Pfeffer

1. Die Karotte(n) schälen und klein würfeln. Zwei Kochtöpfe mit Wasser erhitzen und darin separat die Karottenwürfel und die Nudeln sehr weich kochen. Die Karottenwürfel etwa 15 Minuten, die Nudeln etwa die doppelte Zeit der auf der Packung angegebenen Kochdauer garen.
2. Die Kichererbsen in ein Sieb geben (das Kichererbsenwasser für andere Rezepte aufbewahren, ▸ S. 61), abspülen und gut abtropfen lassen. Die Nudeln abseihen, kalt abschrecken und zur Seite stellen. Die Karottenwürfel abseihen und noch warm zusammen mit den Kichererbsen mit einem Kartoffelstampfer stampfen oder mit einer Gabel fein zerdrücken.
3. Den veganen Scheibenkäse sowie die Schalotten sehr fein würfeln und zusammen mit der veganen Mayonnaise, Sojajoghurt, Senf, Kurkuma, Kala Namak, Salz, Pfeffer, Schnittlauch und den weichgekochten Nudeln zu dem Karotten-Kichererbsen-Stampf hinzugeben, vermengen und abschmecken.
4. Den Salat/Aufstrich mindestens 2 Stunden (idealerweise über Nacht) im Kühlschrank durchziehen lassen und vor dem Servieren nochmals mit etwas Senf und Kala Namak abschmecken.**

* Kala Namak, auch Schwarzsalz oder Schwefelsalz genannt, ist ein bräunlich-rosarotes bis dunkelviolettes Salz mit einem stark schwefelhaltigen Geruch und Geschmack. Richtig dosiert bringt es in vegane Gerichte ein dezentes Ei-Aroma, zu viel lässt das Gericht allerdings schnell nach faulen Eiern riechen. Daher ist Vorsicht bei der Dosierung geboten.

** Die sehr weich gekochten Nudeln sorgen für eine Ei-artige Konsistenz. Die Karotte steuert zusammen mit dem Kurkuma die Ei-Farbe bei und das Kala Namak liefert den schwefeligen Eiergeschmack. Da das Aroma des Kala Namak mit der Zeit etwas verfliegt, ist es ratsam, den Salat/Aufstrich nach dem Ruhen erneut abzuschmecken.

Gerösteter Auberginenaufstrich

Auberginen-Ikra

Zubereitungszeit: 35 Minuten
+ 1 Std. Ziehdauer

2 mittelgroße Auberginen
2 Schalotten (alternativ 1 Zwiebel)
2 mittelgroße Tomaten (je nach Größe)
50 g mildes Tahin (Sesammus)
2 EL Sushi-Essig (alternativ 1,5 EL Reisessig, 1 TL Wasser + 1 EL Zucker)
50 g Olivenöl
25 g grüner Tabasco
Salz und Pfeffer

1. Ofen auf 180 °C vorheizen. Die Auberginen halbieren, das Fruchtfleisch mit dem Messer mehrmals einritzen, etwas Salz darauf geben und mit etwas Öl bestreichen. Die Auberginen in einer kleinen Auflaufform (alternativ in Alufolie eingewickelt auf dem Ofengitter) für ca. 30–45 Mintuen im Ofen backen, bis sie sehr weich ist.
2. Zwiebeln schälen und fein hacken. Strunk der Tomaten ebenso wie die Tomatenkerne entfernen und klein würfeln.
3. Tomaten und Zwiebeln mit Olivenöl für ca. 10 Minuten in einer Pfanne oder Topf dünsten. Währenddessen Essig, Tahin und Tabasco in einer Schale verrühren.
4. Am Ende der Garzeit das Fruchtfleisch der Auberginen mit einem Löffel aus der Schale lösen, Haut und Strunk entsorgen. Das Fruchtfleisch fein hacken und zusammen mit den gedünsteten Tomaten und Zwiebeln, dem Essig-Tahin-Tabasco-Gemisch und dem restlichen Öl vermengen, mit Salz und Pfeffer abschmecken und mindestens eine Stunde durchziehen lassen.

Tipps

Ein ganz besonderes Aroma erhält dieser Auberginenaufstrich, wenn man am Ende noch 5 Zehen fermentierten schwarzen Knoblauch (Black Garlic) bzw. 1 EL Schwarzer-Knoblauch-Paste hinzugibt.

Die ausgelösten Tomatenkerne müssen nicht weggeworfen werden, sondern können zu einem Tomatenkernrelish weiterverarbeitet werden (► S. 81).

Tomaten-Paprika-Paste mit Kren

Adjika

Zubereitungszeit: 10 Minuten

400 g rote Spitzpaprika
400 g Tomaten
300 g Zwiebeln
200 g Karotten
200 g Stangensellerie
80 g Öl (Sonnenblumen- oder Olivenöl)
20 g geräuchertes Öl (▸ S. 67)
6 Knoblauchzehen
100 g Sushi-Essig (▸ Tipp)
1 EL Salz
20 g Petersilie
4 Chili (entkernt, optional)

1. Das Gemüse im Food-Processor oder per Hand zerkleinern. Anschließend im Standmixer mit den restlichen Zutaten zu einer homogenen Masse mixen und abschmecken.
2. Je nach gewünschter Konsistenz kann man die Adjika in einem sehr feinen Sieb über einem Topf über Nacht abhängen lassen, damit sie eindickt. Die abgetropfte Flüssigkeit kann dann nach Belieben in sämtlichen Rezepten in diesem Buch einen Teil der Gemüsebrühe ersetzen.

Tipp

Wenn kein Sushi-Essig zur Hand ist, kann man alternativ anstatt 100 g Sushi-Essig auch 40 g Reisessig, 40 g Zucker und 20 g Wasser sowie eine Prise Salz in einem Topf vorsichtig erwärmen, bis sich Zucker und Salz aufgelöst haben.

Abwandlung: Die Adjika schmeckt nach dem Originalrezept mit rohen Zutaten sehr gut, kann aber auch mit geröstetem Gemüse zubereitet werden. Hierzu das gesamte klein geschnittene Gemüse in einem großen Topf (mit Deckel) für ca. 20 Minuten bei mittlerer Hitze bis zur leichten Bräunung rösten. Gegen Ende der Garzeit Knoblauch, Essig, Öl und Kräuter zugeben und kurz mitrösten, anschließend pürieren.

* Die frische Paste hält sich im Kühlschrank etwa eine Woche. Sie kann bei Bedarf in Weckgläsern eingekocht und so noch länger haltbar gemacht werden.

Gepickeltes Gemüse

Zubereitungszeit: 15 Minuten

500 g Wasser
500 g Zucker
750 g Essig
5 Stück Koriandersamen
5 weiße Pfefferkörner
2 EL Senfsaat
5 Stiele Petersilie
5 Stiele Dill
3 Gelbe Bete
3 Ringelbete
2 Zwiebeln
1 Gurke
1 Paprika
4 Stangen Staudensellerie

Außerdem: passende Weckgläser mit ausreichend Fassungsvermögen

1. Sämtliches Gemüse in mundgerechte Stücke schneiden und in das Weckglas schichten.

2. Das Wasser zusammen mit den Gewürzen, dem Zucker und dem Essig aufkochen und anschließend über das Gemüse in das Weckglas füllen.

3. Weckglas verschließen und über Nacht ziehen lassen.

Salate
und
Suppen

Gebratenes Sauerkraut mit Paprika und Trauben

Zubereitungszeit: 25 Minuten

500 g Sauerkraut
5 EL Öl neutrales Bratöl
(z. B. Sonnenblumenöl)
3 EL Tomatenmark
Jeweils eine rote und gelbe Paprika
3 Schalotten (alternativ 1 Zwiebel)
50 g Zucker (für die Paprika)
50 g Zucker (für die Trauben)
75 g Rotweinessig
(alternativ Balsamico-Essig)
50 ml Gemüsebrühe (▸ S. 65)
20 Stück kernlose Trauben
25 g Margarine
20 g Weißer Portwein*

Optional: Frischer Dill zum Garnieren

1. Das Sauerkraut im Bratöl bei starker Hitze in einer großen Pfanne anbraten. Danach die Hitze auf mittlere Stufe reduzieren, das Tomatenmark hinzugeben, verrühren, kurz weitergaren und aus der Pfanne in eine Schüssel geben.
2. Die Paprika und Schalotten in Streifen schneiden. In der Pfanne des Sauerkrauts die Paprika- und Schalottenstreifen in Öl anbraten, anschließend die ersten 50 g Zucker sowie den Rotweinessig unterrühren, mit der Gemüsebrühe aufgießen und einreduzieren lassen.
3. Wenn die Flüssigkeit der Paprika einreduziert ist, auch diese aus der Pfanne in eine Schüssel geben, um die Pfanne für die Trauben zu verwenden. Hierfür die Trauben halbieren. Die zweiten 50 g Zucker in der Pfanne hell karamellisieren lassen und sobald der Zucker geschmolzen ist, die Margarine hinzugeben. Diese mit dem Zucker verrühren. Sobald die Margarine geschmolzen ist, die halbierten Trauben hinzugeben und mit Portwein ablöschen.
4. Wenn der Portwein ausreichend einreduziert ist, die Pfanne vom Herd nehmen, das Sauerkraut auf Teller/Schüsseln aufteilen und mit den karamellisierten Paprikastreifen und Trauben toppen. Bei Bedarf mit frischem Dill garnieren.

* Wenn kein **Portwein** zur Verfügung steht, kann alternativ 10 ml Weißwein und 10 ml heller Traubensaft für dieses Rezept verwendet werden.

Schmorgurken-Salat

Zubereitungszeit: 15 Minuten

3 Gurken
100 ml weißer Portwein*
200 ml Gemüsebrühe (▸ S. 65)
90 g körniger/grober Senf
50 g süßer Senf
15 g Zucker
5 EL Essig (Apfel-, Weißwein- oder Balsamico-Essig)
15 g frischer Dill

1. Die Gurken waschen und mit einem Sparschäler von allen Seiten jeweils bis zum Kerngehäuse herunterschälen, sodass eine Art breite »Gurkennudel« entsteht.
2. Alle anderen Zutaten in einem Topf vermengen und zusammen aufkochen lassen.
3. Gurkenstreifen in der Flüssigkeit einmal aufkochen und direkt servieren. Wenn man die Gurken lieber weicher möchte, kann man sie bis zu 3 Minuten im Sud köcheln lassen.

Tipp

Wenn man die Garzeit verdoppelt, wird aus dem knackigen Gurkensalat auch eine schmackhafte Gemüsebeilage, beispielsweise serviert mit veganem Ragout und Reis.

* Wenn kein **Portwein** zur Verfügung steht, kann alternativ 50 ml Weißwein + 50 ml heller Traubensaft für dieses Rezept verwendet werden.

Buchweizen-Tomaten-Salat

Zubereitungszeit: 25 Minuten

150 g **Buchweizen** (Rohgewicht)
50 g **Olivenpaste** (▸S. 67)
30 g **Ajvar***
200 g **Tomaten** (ca. 2 mittelgroße Tomaten)
30 g **salzreduzierte Sojasauce**
Saft von einer Zitrone
50 g **Sonnenblumenöl**
30 g **Apfeldicksaft** (alternativ heller Reissirup)
Salz, Pfeffer und grüner Tabasco

Optional: in feine Streifen geschnittenes Basilikum zum Garnieren

1. Den Buchweizen unter fließendem Wasser abspülen.
2. Buchweizen mit der doppelten Menge Wasser zum Kochen bringen und auf kleiner Flamme gar kochen (ca. 15 Minuten). Anschließend abkühlen lassen.
3. Die Tomaten vierteln, entkernen (nicht schälen!) und in kleine Würfel schneiden. Alle restlichen Zutaten zusammen zu einer Marinade verrühren, mit dem Buchweizen und den Tomaten vermengen und mit Salz, Pfeffer und Tabasco abschmecken.

Tipp Die übrig gebliebenen Tomatenkerne müssen nicht entsorgt werden, sondern können weiterverarbeitet werden, zum Beispiel zu einem Tomatenkern-Relish: Hierfür eine fein gehackte Schalotte und ein daumengroßes Stück geschälten Ingwer (fein gehackt) mit etwas Öl ein einem Topf 5 Minuten dünsten. Anschließend das aus den Tomaten übriggebliebene Innenleben samt Kernen zusammen mit einem gestrichenen EL Gelierzucker hinzugeben und solange bei mittlerer Hitze garen lassen, bis keine sichtbare Flüssigkeit mehr zu sehen ist. Relish passt gut zu gebratenem Bimi-Brokkoli mit Birnenragout (▸S. 145).

* **Ajvar** (auch Ajwar geschrieben) ist eine Paste aus geröstetem Paprika und Aubergine. Sie ist sowohl als milde als auch scharfe Variante in den meisten Supermärkten erhältlich.

Kartoffel-Erbsen-Salat mit weißem Spargel

Zubereitungszeit: 20 Minuten

80 g festkochende Kartoffeln (vorgekocht und abgekühlt)
300 g Spargel (ca. 5–7 Spargelstangen)
80 g vegane Mayonnaise (▸ S. 62)
50 g Frühlingszwiebel
4 g frischer Estragon (3 Stiele)
25 g Erbsen (Tiefkühlware)
Saft von einer Zitrone
2 g Essigessenz (alternativ 2 EL Apfelessig)
Salz, Pfeffer und Zucker

1. Spargel schälen und in gezuckertem Salzwasser garen: Dazu das Wasser aufkochen, den Spargel in das kochende Wasser geben, mit Deckel abdecken und vom Herd stellen. Den Spargel darin ca. 12 Minuten ziehen lassen.
2. In der Zwischenzeit die gekochten und geschälten Kartoffeln in Würfel schneiden, die Frühlingszwiebel in feine Ringe.
3. Bevor der Spargel abgeseiht wird, die TK-Erbsen in das noch heiße Spargelwasser geben, um diese aufzutauen, und dann beides gemeinsam abseihen.
4. Alle Zutaten für das Dressing zusammenrühren, zum Gemüse geben und mit Salz, Pfeffer und bei Bedarf etwas Zucker abschmecken.
5. Abschließend Estragonblätter von Stielen entfernen und grob hacken.

Estragon erinnert geschmacklich am ehesten an Anis und weist eine bittersüße Geschmacksnote auf. Der Geruch erinnert an eine Mischung aus Waldmeister und Fenchel. Das Estragon-Aroma ist so einzigartig, dass es keinen wirklichen Ersatz gibt. Wenn man keinen Estragon zur Hand hat, kann dieser im Rezept am ehesten durch frischen Kerbel ersetzt werden. Die nächstbeste Alternative ist glatte Petersilie.

Rote-Bete-Tatar

Zubereitungszeit: 15 Minuten

5 Rote Bete auf Salz gegart (▸ S. 62)
35 g Senfsaat (über Nacht in Apfelsaft eingeweicht oder 20 Minuten gekocht)
100 g Apfelsaft
2 Schalotten (alternativ 2 Frühlingszwiebeln)
50 g Kapern (im Glas, in Essig eingelegt)
50 g Gewürzgurken (im Glas, in Essig eingelegt)
25 g frischer Schnittlauch
25 g frische Petersilie
1 Apfel (bevorzugt grün)
1 Knoblauchzehe
Zesten von einer Limette*
200 g vegane Mayonnaise (▸ S. 62)
Salz, Pfeffer und roter Tabasco

Optional: Kerbel/Petersilie und Mikrogreens zum Garnieren

1. Sofern die Senfsaat nicht über Nacht eingeweicht wurde, diese für 20 Minuten im Apfelsaft kochen, damit sie weicher wird.
2. Währenddessen die Gewürzgurken, Kapern, Knoblauch und Schalotten sehr fein würfeln, Kräuter hacken und die Limettenzesten von der gewaschenen Limette abziehen
3. Die im Salz vorgegarte Rote Bete schälen, von eventuellen Salzresten befreien und in kleine Würfel schneiden.
4. Gewürfelte Rote Bete, klein geschnittenes Gemüse, gehackte Kräuter, Mayonnaise und Apfel-Senfsaat-Saft vermengen, mit Salz, Pfeffer, und Tabasco abschmecken.

*Die **Schale von Zitrusfrüchten**, deren Zesten man verwendet, sollten möglichst schadstofffrei sein. Die Bezeichnungen »unbehandelt« oder »nach der Ernte unbehandelt« sind trügerisch, weil sie lediglich aussagen, dass nach der Ernte keine Konservierungsstoffe eingesetzt wurden. Das allein gibt keine Sicherheit für Schadstofffreiheit. Daher sollten Zitrusfrüchte vor dem Abziehen der Zesten gründlich mit heißem Wasser (optimal mit einer Gemüsebürste) gewaschen und mit Küchenpapier abgerieben werden.

Rote-Bete-Salat »Schuba Art« (oben)
Salat von gepickelten Beten (unten)

Rote-Bete-Salat »Schuba Art«

Zubereitungszeit: 40 Minuten

2 Rote Bete in Salz gegart (▸ S. 62)
2 Karotten
2 Schalotten (alternativ 1 kleine Zwiebel)
2 mittelgroße Kartoffeln
100 g Erbsen (tiefgekühlt)
80 g vegane Mayonnaise (▸ S. 62)
10 g getrocknete Nori-Flocken*
50 g salzreduzierte Sojasauce
50 g Mirin
50 g Sake
1 Apfel
100 g Seetangsalat* (fertig zubereitet zu kaufen, »Goma Wakame« oder schlicht »Wakame-Salat« genannt)

Optional: Essbare Blüten und frischer Dill als Deko

1. Karotten und Kartoffeln kochen und auskühlen lassen. Kartoffeln nach dem Kochen schälen. Karotten optional ebenfalls schälen.
2. In der Zwischenzeit Sake, Mirin und Sojasauce mit den Nori-Flocken aufkochen und 15 Minuten ziehen lassen.
3. Die vorgegarte Rote Bete sowie Karotte und Kartoffel in feine Würfel (ca. 5 mm) schneiden und mit allen Zutaten (außer dem Wakame-Salat) vermengen.
4. Kurz vor dem Servieren den Seetang-Salat sowie den fein gewürftelten Apfel zugeben.

* Wichtig: **Algen** können (je nach Art der Verarbeitung) sehr jodhaltig sein. Besonders Kombu (auch Kelp genannt) kann so viel Jod speichern, dass – zumindest jodsensible Europäer – vom Verzehr absehen sollten. Nori-Flocken sind deutlich weniger jodreich. Möchte man den Jodgehalt noch weiter reduzieren, kann man die Algen in Wasser aufkochen und das im Kochwasser gelöste Jod abgießen.

Schuba-Salat (»Hering im Pelzmantel« genannt) ist ein Schichtsalat, der unter anderem in der Ukraine vor allem an Feiertagen serviert wird. Klassischerweise wird dieser in Schichten zubereitet und enthält auch eingelegten Salzhering sowie gekochte Eier. In dieser veganen Variante wurde auf die klassische Schichtung der einzelnen Komponenten verzichtet, Das dezente Ei-Aroma liefert das Kala-Namak-Schwefelsalz, und das Meeresaroma kommt anstatt vom Hering aus den Nori-Flocken.

Salat von gepickelten Beten

Foto auf Seite 86
Zubereitungszeit: 15 Minuten

3 gepickelte Rote Bete (▸ S. 73)
2 Schalotten (alternativ eine kleine Zwiebel)
30 g Petersilie
50 g Amarenakirschen*
50 g Weißweinessig (alternativ weißer Balsamico-Essig oder Apfelessig)
50 g Apfeldicksaft (alternativ heller Reissirup)
50 g Sonnenblumenöl
25 g Walnüsse
Salz und Pfeffer

Optional: essbare Blüten und Dill zum Garnieren

1. Die gepickelte Rote Bete je nach Größe vierteln oder achteln (die Stücke sollten nicht zu klein sein), die Schalotten sehr fein würfeln, Amarena Kirschen sowie die Walnüsse und Petersilie hacken.
2. Essig, Öl und den Apfeldicksaft zu einem Dressing vermengen, zu den Rote Bete geben und mit Salz und Pfeffer abschmecken.

* **Amarenakirschen** können fertig zubereitet im Glas gekauft oder auch einfach selbst auf Vorrat vorproduziert werden: 1 kg Kirschen entsteinen und zusammen mit 200 g Zucker und einer Prise Salz in einen Topf geben. Auf kleiner Flamme so lange (ohne zusätzliche Flüssigkeit!) köcheln lassen, bis der aus den Kirschen austretende Saft sirupartig eingedickt ist. Anschließend 100 ml Amaretto sowie 2 EL Limettensaft hinzugeben und weitere 10 Minuten sanft köcheln lassen. In der letzten Minute noch 1 EL flüssiges Vanillearoma sowie optional 1 Fläschchen Bittermandel-Aroma hinzugeben. Im Anschluss in sterile Gläser umfüllen und die Gläser zum Auskühlen auf den Kopf stellen. Die Gläser nach dem Öffnen im Kühlschrank lagern und zeitnah verbrauchen.

Rotkohlsalat mit Roter Bete und Cranberries

Foto auf Seite 90
Zubereitungszeit: 20 Minuten
+ 30 Minuten Ziehdauer

½ Kopf Rotkohl
3 mittelgroße rohe Rote Bete* (alternativ gepickelt, ▸ S. 73, oder in Salz gegart, ▸ S. 62)
3 mittelgroße Karotten
3 Schalotten (alternativ 2 kleine Zwiebel)
50 g getrocknete Cranberries (alternativ Rosinen)
100 ml Apfelsaft
50 g Zuckerrübensirup (alternativ Ahornsirup)
5 EL Sonnenblumenöl (High Oleic, ölsäurereich)
5 EL Rotweinessig (alternativ dunkler Balsamico-Essig
30 g Liebstöckel**
Salz und Pfeffer

Optional: Microgreens zum Garnieren

1. Rotkohl, Karotten und Zwiebeln (eventuell auch Rote Bete) waschen, schälen und in sehr feine Streifen schneiden (beim Rotkohl die äußersten Blätter sowie den Strunk entfernen).
2. In eine große Schüssel geben, mit einer Prise Salz bestreuen und kräftig für 3 Minuten kneten.
3. Rotkohl-, Karotten- und Zwiebelstreifen zusammen mit den getrockneten Cranberries mit 2 EL Sonnenblumenöl in einem Topf erhitzen, mit dem Apfelsaft ablöschen und mit Deckel für 10 Minuten dünsten.
4. Währenddessen aus dem Zuckerrübensirup, dem restlichen Sonnenblumenöl, Essig, Salz und Pfeffer ein Dressing anrühren und am Ende der Garzeit zusammen mit dem fein geschnittenen Liebstöckel über das Gemüse geben. Mindestens 30 Minuten ziehen lassen.

* Wenn **rohe Rote Bete** verwendet wird, ist diese von Beginn an mit dem restlichen Gemüse mitzugaren. Wenn sie gepickelt oder in Salz vorgegart ist, dann wird sie erst gegen Ende beigegeben.

** **Der Geschmack von Liebstöckel** ist würzig-süß mit leicht bitteren Noten. Oft wird Liebstöckel als »Maggikraut« bezeichnet, da sein Aroma an die bekannte Maggi-Würze erinnert. Diese ist, entgegen der weitverbreiteten Annahme, frei von tierischen Bestandteilen und somit vegan. Wenn man gerade keinen Liebstöckel zur Hand hat, können die Blätter von Stangensellerie stattdessen verwendet werden.

Rotkohlsalat mit Roter Bete und Cranberries (oben)
Olivensalat (unten)

Salat »Olivier«

Zubereitungszeit: 30 Minuten

3 mittelgroße Kartoffeln
3 mittelgroße Karotten
300 g Erbsen (Tiefkühlware)
5 Gewürzgurken* (aus dem Glas, in Essig eingelegt)
1 Bund Frühlingszwiebeln
200 g gekochte schwarze Bohnen (Konserve oder frischgekocht, alternativ Belugalinsen)
40 g frischer Dill
300 g vegane Mayonnaise (▸ S. 62)
150 g Gurkenwasser (von den Gewürzgurken)
Salz und Pfeffer

Optional: Microgreens zum Garnieren

1. Kartoffeln und Karotten im Ganzen garkochen, nach dem Abkühlen die Kartoffeln schälen (optional auch die Karotten) und beides in ½ cm große Würfel schneiden.
2. Gewürzgurken fein würfeln, Frühlingszwiebel in feine Ringe schneiden und den Dill grob hacken.
3. Alle Zutaten miteinander vermengen und mit Salz und Pfeffer abschmecken.

* **Gewürzgurken** können preiswert und bequem fertig zubereitet gekauft werden. Sie können aber auch recht einfach selbst auf Vorrat hergestellt werden:
1 kg Einlegegurken gründlich unter fließendem Wasser mit einer Gemüsebürste putzen und anschließend die bitteren Stielenden entfernen. Je nach Größe im Ganzen belassen oder in Scheiben oder Spalten schneiden. Einen Bund Dill gründlich waschen und grob hacken. 1 Liter Wasser, 500 ml Weißweinessig sowie 2 EL Salz aufkochen. Die Einlegegurken (sowie optional eine in Streifen geschnittene Zwiebel) auf sterile Gläser verteilen. Das kochende Essigwasser randvoll eingießen und die Gläser verschließen. An einem kühlen, dunklen Ort (z. B. Keller) für 4 Wochen ziehen lassen. Nach dem Öffnen im Kühlschrank lagern und zeitnah verbrauchen.
Um die Gläser garantiert keimfrei zu bekommen, werden diese (ohne Deckel!) im Backofen bei 120 °C für 10 Minuten sterilisiert. Die Deckel werden im Topf in kochendem Wasser für eine Minute gekocht.

Gebratener Krautsalat

Zubereitungszeit: 25 Minuten

½ Weißkohl
2 Karotten
3 Schalotten (alternativ 1 mittelgroße Zwiebel)
2 Stangen Staudensellerie
3 Äpfel (bevorzugt rot)
75 g Kürbiskernöl
1 EL Essigessenz
2 EL neutrales Bratöl
200 g vegane Mayonnaise (▸ S. 62)
50 ml vegane Ponzu-Sauce (▸ S. 66)
50 g Sonnenblumen- oder Kürbiskerne
50 g Rosinen
Zeste von einer Orange und einer Zitrone (alternativ Blutorange und Limette)
15 g frischer Majoran*
Salz, Pfeffer, roter Tabasco

Optional: Microgreens zum Garnieren

1. Weißkohl und Schalotten in sehr feine Streifen schneiden und in einer beschichteten Pfanne mit 2 EL Bratöl bei mittlerer Hitze lange genug anbraten, bis leichte Bräunung entsteht.
2. Währenddessen Kürbiskernöl, vegane Mayonnaise, Ponzu-Sauce, Essigessenz, Rosinen sowie Kräuter, Zitruszesten und Gewürze zu einem Dressing vermengen.
3. Die Karotte schälen und ebenso wie die Äpfel in sehr feine Streifen schneiden. Zusammen mit dem Dressing und dem gebratenen Schalotten-Weißkohl vermischen und abschmecken.
4. Beim Servieren mit den Sonnenblumen- bzw. Kürbiskernen und Mikrogreens garnieren.

* **Majoran** weist ein fein würziges, blumiges Aroma auf. Wenn kein Majoran zur Hand ist, kann stattdessen auch Oregano oder Thymian verwendet werden. Keines der Kräuter ähnelt sich im Aroma, aber alle transportieren ein vergleichbares Mittelmeergefühl in den Gerichten. Die Menge an frischem Oregano oder Thymian beträgt 1 zu 1 der von frischem Majoran.

Rote-Bete-Holunder-Kaltschale

Zubereitungszeit: 10 Minuten

400 g Rote Bete (vorgegart gekauft oder selbst in Salz gegart, ▸ S. 62)
200 ml Pflanzenmilch (z. B. Hafermilch)
1 Birne (geschält)
Saft von 1 Zitrone
1 EL Holundersirup*
100 g Kokosjoghurt (2 EL zu Dekorationszwecken übriglassen)
Salz und Pfeffer

Optional: gehackter Dill und etwas Kokosjoghurt zum Garnieren

1. Die bereits vorgegarte Rote Bete zusammen mit allen weiteren Zutaten (außer Dill) im Mixer (oder mit Pürierstab) zu einer homogenen Masse mixen und mit Salz und Pfeffer abschmecken. Die Suppe bis zum Servieren kaltstellen.
2. 2 EL Kokosjoghurt mit gehacktem Dill vermengen und beim Servieren als Kontrast auf der kräftig roten Suppe verteilen.

* **Holundersirup** kann in guter Qualität preiswert gekauft, aber auch recht einfach selbst hergestellt werden:
Dazu ca. 10 Blütendolden (Dolde = der büschelartige, einem kleinen Schirm ähnelnde Teil einer Holunderpflanze, der die Blüten trägt) ausschütteln (nicht waschen), in ein ausreichend großes Gefäß geben und 1 kg Zucker sowie 20 g Zitronensäure (z. B. in Drogeriemärkten erhältlich) hinzugeben. Im Anschluss einen Liter kochendes Wasser darüber gießen und rühren, bis sich alles gut aufgelöst hat. Das Gefäß mit einem Küchentuch bedeckt bei Raumtemperatur ca. 2 Tage oder im Kühlschrank 4 Tage stehen lassen und zwei Mal täglich umrühren. Im Anschluss den Sirup abseihen, erneut aufkochen und noch siedend heiß in sterile Glasflaschen abfüllen. Ungeöffnet ist der Sirup bei dunkler Lagerung etwa ein Jahr haltbar, nach dem Öffnen bei Lagerung im Kühlschrank ohne Qualitätsverlust mindestens 3 Monate.

Borschtsch

Zubereitungszeit: 45 Minuten

1,5 l Gemüsebrühe (▸ S. 65)
2 mittelgroße Rote Bete
1 mittelgroße Karotte
300 g Weißkohl
2 Birnen
4 Kartoffeln
150 g Knollensellerie (nicht Stangensellerie)
5 EL Bratöl
5 Knoblauchzehen
3 EL Tomatenmark
3 EL Rotweinessig
50 ml salzreduzierte Sojasauce
50 ml Mirin
Gewürzbeutel (gefüllt mit 3 Lorbeerblättern, 2 Nelken, 3 Wacholderbeeren, 5 Pfefferkörnern, siehe Info auf S. 99)
Frisch gemahlener Pfeffer, Salz, Tabasco

Optional: 2 EL Crème fraîche*

1. Rote Bete, Karotten, Kartoffeln und Sellerie schälen und in Würfel (ca. 1 × 1 cm) schneiden. Die Birnen waschen (je nach Vorliebe schälen oder ungeschält lassen) und ebenfalls in Würfel schneiden. Die äußeren Blätter und den Strunk des Weißkohls entfernen und anschließend in feine Streifen schneiden.
2. Das gesamte Gemüse und Obst in 5 EL Bratöl etwa 5 Minuten glasig dünsten. Im Anschluss die 5 fein geschnittenen Knoblauchzehen hinzugeben und kurz unter rühren weiter dünsten.
3. Anschließend 3 EL Tomatenmark hinzugeben, unterrühren und mit Sojasauce, Mirin und Rotweinessig sowie den 1,5 Litern Gemüsebrühe aufgießen.
4. Den Gewürzbeutel* hinzugeben und je nach gewünschter Bissfestigkeit des Gemüses die Suppe ohne Deckel 15–20 Minuten köcheln lassen. Vor dem Servieren den Gewürzbeutel entfernen und mit einem Klecks Crème fraîche servieren.

* **Vegane Crème fraîche** kann in den meisten Supermärkten fertig gekauft, aber auch recht einfach selbst hergestellt werden: Dazu 150 g Cashewnüsse in einen Topf geben, vollständig mit Wasser bedecken und kurz aufkochen lassen. Dann 2 Stunden einweichen und auskühlen lassen. Im Anschluss das Wasser abgießen und die eingeweichten Cashews zusammen mit 120 ml Wasser und 1 EL Apfel- oder Weißweinessig sowie einer Prise Salz im Mixer zu einer glatten Masse mixen. Wenn die Konsistenz zu dick ist, noch etwas mehr Wasser hinzugeben und mindestens eine Stunde im Kühlschrank abkühlen und ziehen lassen. Die vegane Crème fraîche ist im Kühlschrank gut verschlossen etwa fünf Tage ohne merklichen Qualitätsverlust haltbar.

Abwandlung: Traditionell wird diese ukrainische Suppe mit Rindfleisch serviert. Die hier gezeigte vegane Variante ist rein gemüsebasiert. Wenn man ihren Proteingehalt erhöhen und etwas mehr fleischige Textur haben möchte, kann beispielsweise Sonnenblumenhack verwendet werden. Hierzu 150 g des Trockenprodukts in den letzten Minuten des Gemüsedünstens gemeinsam mit dem Knoblauch hinzugeben und noch kurz weiterdünsten, bevor mit den Würzmitteln und Brühe aufgegossen wird. Das vegane Hack nimmt etwa die doppelte Menge des Eigengewichts an Flüssigkeit auf, daher kann – je nach gewünschter Konsistenz der Suppe – die Brühe bei Bedarf um 100 bis 200 ml erhöht werden. Weitere Inspirationen für Borschtsch-Abwandlungen finden sich ab Seite 22.

Buchweizensuppe

Zubereitungszeit: 50 Minuten

130 g Buchweizen
3 TL Zucker
2 TL Salz
80 g Margarine
1 Schalotte
1 mittelgroße Karotten
50 g Lauch
1 mittelgroße Stange Staudensellerie
½ Fenchelknolle
1,5 l Gemüsebrühe (▸ S. 65)
50 ml salzreduzierte Sojasauce
100 ml Mirin
Gewürzbeutel* (2 Lorbeerblätter, 2 Nelken, 3 Wacholderbeeren, 5 Pfefferkörner)
60 g Schnittlauch
Salz und Pfeffer

1. Karotte und Zwiebel schälen, Lauch und Fenchel von der äußersten Schicht befreien und Stangensellerie waschen. Das gesamte Gemüse im Anschluss fein würfeln.
2. Die Buchweizenkörner heiß abwaschen, abtropfen lassen und in einer beschichteten Pfanne ohne Fett so lange unter gelegentlichem Rühren erhitzen, bis sie braun werden und zu duften beginnen. (Achtung: Anbrenngefahr! Alternativ unter mehrmaligem Wenden im Backofen zubereiten.)
3. Zucker und Salz hinzugeben und solange weiter rösten, bis es nach Karamell riecht, um dann direkt die Margarine hinzuzugeben.
4. Mit der Margarine auch das Gemüse hinzugeben und alles zusammen für 2 Minuten weiter dünsten.
5. Mirin, Sojasauce und Gemüsebrühe sowie den Gewürzbeutel hinzugeben und solange kochen, bis der Buchweizen gar ist und eine leicht sämige Konsistenz entsteht (ca. 10–15 Minuten je nach gewünschter Textur)
6. Den Schnittlauch in feine Röhrchen schneiden, in die Suppe geben, mit Salz und Pfeffer abschmecken und servieren.

* **Gewürzbeutel** bestehen zumeist aus Baumwolle und sind wiederverwendbar. Alternativ kann man einen Teebeutel aus Papier verwenden, der mit Garn verschlossen wird. Es sollten zum Verschließen keinesfalls Clips aus Kunststoff verwendet werden.

Abwandlung: Wenn man mehr fleischiges Aroma in der Buchweizensuppe möchte, kann dies durch die Zugabe von veganen Würstchen oder einer veganen Hühnerfleisch-Alternative erzielt werden. Dafür die Fleischalternative zusammen mit dem Gemüse dünsten, oder für stärkere Röstaromen diese separat scharf anbraten und erst am Ende zum Servieren hinzugeben.

Traditionelle Gulaschsuppe mit Tofu

Bograch

Zubereitungszeit: 45 Minuten

2 mittelgroße Karotten
2 mittelgroße Zwiebeln
1 kleine Kohlrabi
4–5 mittelgroße festkochende Kartoffeln (je nach Größe)
200 g Tofu
5 EL Bratöl
1,5 L Gemüsebrühe (▸ S. 65)
1 gestrichener EL geräuchertes Paprikapulver
2 gestrichene EL edelsüßes Paprikapulver
1 gestrichener TL Kreuzkümmel
3 EL salzreduzierte Sojasauce
3 EL Shiro Miso
Salz und Pfeffer

Optional: 2 EL vegane Crème fraîche*

1. Karotten, Kohlrabi, Kartoffeln und Zwiebeln schälen und in ca. 2 cm große Würfel schneiden. Den Tofu ebenfalls in ca. 2 cm große Würfel schneiden. Alles zusammen in einem ausreichend großen Topf mit dem Bratöl für 5 Minuten unter gelegentlichem Rühren bis zur leichten Bräunung des Gemüses anbraten.
2. Paprikapulver, Kreuzkümmel, Miso-Paste dazugeben und unter Rühren eine weitere Minute dünsten lassen (aufpassen, dass nichts anbrennt!). Im Anschluss mit der Gemüsebrühe aufgießen.
3. Je nach gewünschter Konsistenz die Suppe 20 bis 25 Minuten mit Deckel köcheln lassen und vor dem Servieren mit Salz und Pfeffer abschmecken.

Alternative: Anstatt Tofu kann auch Tempeh als Proteinquelle hinzugefügt werden. Tempeh ist ein traditionelles Fermentationsprodukt, das ursprünglich aus Indonesien stammt, aber heutzutage vor allem in der veganen Ernährung weltweit zum Einsatz kommt. Tempeh wird aus gekochten intakten Hülsenfrüchten hergestellt, die mit einem Edelschimmelpilz beimpft, in Form gepresst und für einige Tage gereift werden. Traditionell wird Tempeh aus Sojabohnen gefertigt, aber es gibt ihn auch auf Basis von schwarzen Bohnen, Lupinen, Erbsen und anderen Hülsenfrüchten.

Kartoffel- und Getreidegerichte

Teigtaschen mit Kartoffelfüllung

Varenyky

Zubereitung 40 Minuten

Für den Teig

250 g Mehl (▸ Tipp)
150 ml ungesüßter Sojadrink
1 Prise Salz

Für die Füllung

500 g mehlig kochende Kartoffeln
3 El geräuchertes Öl (▸ S. 20, alternativ Olivenöl)
2 mittelgroße Zwiebeln
1 Stück Ingwer (geschält, 1 cm)
1 TL Kurkuma
2 Knoblauchzehen
1 Bund Frühlingszwiebeln
1 mittelgroße Karotte
50 g Margarine
Salz, Pfeffer und Muskatnuss

Für die Umami-Pilze

10 braune Champignons
3 EL Bratöl
1 EL geräuchertes Öl
4 getrocknete Tomaten (in Öl eingelegt)
1 Schalotte (alternativ halbe kleine Zwiebel)
50 g Röstzwiebeln (▸ S. 20)
30 g Panko-Paniermehl*

1. Mit dem Teig beginnen: Dafür das Mehl zusammen mit dem Sojadrink und einer Prise Salz vermengen, zu einem Teig kneten und eine halbe Stunde zugedeckt ruhen lassen.
2. Während der Ruhezeit des Teigs die Kartoffeln garkochen, im Anschluss schälen und stampfen/pressen. In der Zwischenzeit Zwiebeln, Knoblauch, Frühlingszwiebeln und die Karotte sehr klein würfeln und in der Margarine glasig dünsten.
3. Die gepressten Kartoffeln mit dem gegarten Gemüse vermengen und mit Salz, Pfeffer, geriebener Muskatnuss und (geräuchertem) Öl abschmecken.
4. Nach der Ruhezeit den Teig auf einer leicht bemehlten Arbeitsfläche dünn ausrollen und mit einem Wasserglas Kreise aus dem Teig ausstechen. Jeweils 1 EL der Füllung in der Mitte platzieren, zusammenklappen, die Enden überlappend zusammendrücken und »krendeln«* (▸ S. 20)
5. Varenyky in gesalzenem Wasser leicht wallend kochen, bis sie an der Wasseroberfläche schwimmen (etwa 5 Minuten).

Umami-Pilze

1. Die Pilze in Scheiben schneiden, die Schalotte fein würfeln und beides in Öl anbraten.
2. Das Panko-Paniermehl hinzugeben und mitbraten, bis es etwas knusprig wird. Zum Schluss Röstzwiebeln, geräuchertes Öl und fein gehackte getrocknete Tomaten hinzugeben und direkt servieren.

Tipp

Für einen idealen Nudelteig eine 50:50-Mischung aus Hartweizengrieß und Weizenmehl (Type 405 oder 550) verwenden.

* Für das **Falten der Teigenden** gibt es zig Videoanleitungen auf YouTube, wenn man den Suchbegriff »krendeln« eingibt.

** **Panko** ist ein aus der japanischen Küche stammendes Paniermehl, das es mittlerweile aber auch in den meisten Supermärkten gibt. Die einzelnen Krümel des Paniermehls sind länglich, porös und sorgen beim Braten für eine zarte und knusprige Textur.

Kartoffeltaschen mit Linsen-Pilz-Füllung

Kartoffel-Zrazy

Zubereitungszeit: 50 Minuten

Für den Teig

500 g mehlig kochende Kartoffeln
50 g Mehl (bevorzugt Type 550)
50 g Margarine
Salz, Pfeffer und Muskat

Für die Füllung

100 g Linsen (z. B. Belugalinsen)
200 g braune Champignons
2 Zwiebeln
3 Knoblauchzehen
2 mittelgroße Karotten
3 EL Bratöl
½ Bund Frühlingszwiebeln
5 EL Balsamico-Essig
1 EL geräuchertes Öl (oder 1 Prise Rauchsalz)
20 g Schnittlauch
Salz und Pfeffer

Für den Joghurtdip

150 g ungesüßter veganer Joghurt
2 EL Essig (z. B. Apfelessig)
½ Bund Schnittlauch
Salz und Pfeffer

1. Zwei Töpfe mit Wasser aufkochen. In einem die Linsen und im anderen die Kartoffeln gar kochen, anschließend abgießen. Wenn die Kartoffeln gar sind, diese etwas abkühlen lassen, schälen, pressen und noch lauwarm mit dem Mehl und der Margarine zu einem Teig verarbeiten.
2. Während die Linsen und Kartoffeln kochen, Champignons, Karotten, Zwiebeln und Knoblauch klein würfeln und mit 3 EL Bratöl etwa 8 bis 10 Minuten in der Pfanne bis zur leichten Bräunung anbraten.
3. Die gekochten Linsen dazu geben und mit Balsamico-Essig, Salz, Pfeffer und geräuchertem Öl oder Rauchsalz abschmecken.
4. Für den Dip den Joghurt mit Essig, Schnittlauch, Salz und Pfeffer abschmecken und zur Seite stellen.
5. Den Teig in 8 bis 12 Stücke (je nach gewünschter Größe) teilen, mit der Hand flach drücken, die Füllmasse aufteilen und jeweils in der Mitte der ausgedrückten Kartoffelteige platzieren. Dann die Masse – ähnlich wie beim Füllen von Kartoffelklößen – über der Füllung schließen und in der Hand kleine Frikadellen formen.
6. In reichlich Öl 3 Minuten bei mittlerer Hitze goldgelb braten.

Abwandlung: Statt der Linsen-Pilz-Füllung schmeckt auch eine Räuchertofu-Sauerkraut-Füllung hervorragend. Hierfür anstatt Linsen, Champignons und Karotten 200 g Räuchertofu, 200 g Sauerkraut und 200 g Knollensellerie verwenden.

Buchweizen-Hackklößchen in Gemüsesauce

Grechanyky

Zubereitungszeit: 35 Minuten

Für die Klöße

400 g veganes Hack*
150 g Buchweizen
3 EL Shiro Miso (alternativ 1 EL Hatcho Miso)
2 EL salzreduzierte Sojasauce
2 EL grober Senf
1 Messerspitze Kurkuma
½ Bund Schnittlauch
Salz und Pfeffer

Für die Sauce

100 g Margarine
40 g Weizenmehl (für glutenfreie Variante Reismehl)
400 g Gemüsebrühe (► S. 65)
100 g vegane Sahne
25 g frischer Dill
25 g frischer Estragon
25 g frische Petersilie

1. Für die Klößchen den Buchweizen in einem Sieb ausgiebig mit heißem Wasser waschen und anschießend für ca. 15 Minuten in gesalzenem Wasser garkochen.
2. Den Schnittlauch in feine Röllchen schneiden. Das vegane Hack mit Sojasauce, Senf, Miso, Schnittlauch, Salz und Pfeffer abschmecken und den abgekühlten Buchweizen hinzugeben.
3. Die Masse zu kleinen Klößchen formen. In ausreichend Öl (Klößchen sollten zu ca. 1/3 bedeckt sein) für etwa 6–8 Minuten von allen Seiten knusprig braten und zur Seite stellen.
4. Für die Sauce die Margarine in einem Topf schmelzen, das Mehl zugeben und unterrühren, um eine Mehlschwitze zu erzeugen. Diese eine Minute köcheln lassen.
5. Eine Messerspitze Kurkuma hinzugeben, unterrühren und anschließend die Gemüsebrühe sowie die Sahne hinzugeben. Fünf Minuten köcheln lassen. Abschließend die gehackten Kräuter einrühren, die Hackbällchen hinzugeben und servieren.

* **Veganes Hack** gibt es in der Kühltheke der meisten Supermärkte als Frischprodukt zu kaufen. Dieses ist 1:1 wie herkömmliches Hackfleisch zu verarbeiten. Es gibt auch getrocknetes veganes Hack, welches aufgrund der Textur und des niedrigeren Fettgehalts für dieses Rezept aber nicht geeignet ist.

Buchweizen-Gemüse-Brei

Gretschnewaja Kascha

Zubereitungszeit: 40 Minuten

150 g Buchweizen
600 g Gemüsebrühe (▸ S. 65)
100 g Weißwein
5 EL Bratöl
3 Schalotten (alternativ 1 Zwiebel)
5 Knoblauchzehen
2 Stangen Staudensellerie*
1 mittelgroße Karotte
100 g Margarine
40 g Rosinen
40 g getrocknete Aprikosen
50 g Sonnenblumenkerne
(alternativ Kürbiskerne)
½ Bund Schnittlauch

1. Schalotten schälen, ebenso wie die Karotten und Stangensellerie fein würfeln und zur Seite stellen.
2. Buchweizen ohne die Zugabe von Fett im Topf rösten (Achtung: Nicht anbrennen lassen!) und im Anschluss das gewürfelte Gemüse mitsamt dem Bratöl hinzugeben. Bei mittlerer Hitze glasig werden lassen.
3. Mit Weißwein ablöschen und Flüssigkeit unter Rühren einreduzieren lassen. Nach und nach die Gemüsebrühe hinzugeben und die Flüssigkeit unter ständigem Rühren verdunsten lassen. Ca. 15 bis 20 Minuten unter regelmäßigem Rühren garen.
4. Währenddessen die Sonnenblumen- oder Kürbiskerne ohne Zugabe von Öl in einer separaten Pfanne leicht rösten. (Alternativ können die Kerne auch in größeren Mengen im Ofen ohne die Zugabe von Fett auf Vorrat geröstet werden.)
5. Kurz bevor der Buchweizen gar ist, die in Würfel geschnittene Margarine, den Schnittlauch, die gerösteten Kerne, die Rosinen und die die gewürfelten Aprikosen hinzugeben, Hitze abschalten und zugedeckt weitere 5–10 Minuten durch die Restwärme garen, damit die gesamte Flüssigkeit aufgesogen wird.

* **Staudensellerie** (auch Stangensellerie oder Bleichsellerie genannt) bezeichnet die Stiele der Selleriepflanze, die oberhalb der Wurzelknolle wachsen. Sie schmecken sowohl roh als auch gekocht gut und müssen nicht geschält werden. Echter Knollensellerie weist eine deutlich größere Wurzelknolle im Vergleich zur Knolle des Staudenselleries auf. Knollensellerie muss vor dem Verzehr stets geschält und gekocht werden.

Gretschnewaja Kasha, oft auch nur »Kasha« oder »Gretschka« genannt, ist ein Brei der osteuropäischen Küche auf Basis von Buchweizen. Wenn etwas übrigbleibt (oder man direkt mehr zubereitet), kann man den Brei auch als Grundlage für das Rezept der Buchweizen-Arancini (▸ S. 119) verwenden.

Oladky mit Rote-Bete-Dip

Zubereitungszeit: 20 Minuten

Für die Oladky

250 g ungesüßter veganer Joghurt (z. B. Hafer- oder Sojajoghurt)*
60 g Rohrzucker
300 g Hafermehl (im Mixer fein gemahlene Haferflocken)
1 TL Backpulver
100 g Aquafaba (aufgeschlagen, ▸ S. 61)

Für den Rote-Bete-Dip

400 g auf Salz gegarte Rote Bete (▸ S. 62, alternativ vorgegarte Rote Bete)
50 g Dill
50 g frischer Meerrettich (alternativ 70 g Meerrettich aus dem Glas)
250 g vegane Mayonnaise (▸ S. 62)
3 EL Senf (mittelscharf)
3 EL Rotweinessig (alternativ dunkler Balsamico)
Salz & Pfeffer

1. Für die Oladky Pflanzenjoghurt, Rohrzucker und Hafermehl in einer Schüssel verrühren, bis ein homogener Teig entsteht.
2. Aquafaba aufschlagen und unterheben. Am Ende kurz das Backpulver einrühren.
3. Jeweils 1 gehäuften EL des Teigs in die Pfanne geben und leicht in Öl schwimmend goldbraun ausbacken. Je nach Größe passen in eine Pfanne dann jeweils 3–5 Oladky, die zeitgleich ausgebacken werden.
4. Für den Rote-Bete-Dip alle Zutaten in einem leistungsstarken Mixer oder einem Food-Processor zu einer homogenen Masse pürieren.

Tipp

Für besonderen Geschmack im Rote-Bete-Dip zusätzlich 3 EL Ponzu-Sauce (▸ S. 66) hinzugeben. Dann aber weniger zusätzliches Salz verwenden, weil die Ponzu-Sauce bereits salzig ist.

* Anstatt ungesüßtem Joghurt mit extra Rohrzucker kann auch alternativ gesüßter Naturjoghurt verwendet werden. In den ursprünglichen Oladky-Rezepten wird **Milchkefir** verwendet. Da vegane Milchkefirvarianten nicht überall erhältlich sind, haben wir für das Rezept veganen Joghurt verwendet. Man kann aber auch recht einfach selbst veganen Milchkefir für dieses Rezept herstellen:
Um eine für dieses Rezept joghurtähnliche Konsistenz des Milchkefirs zu erhalten, 500 ml Kokosmilch (am besten mit 100 Prozent Kokosnussanteil) mit 1 TL Tapiokastärke verrühren, in ein steriles Bügelglas füllen, ca. 10 g Milchkefirkulturen hinzugeben und das Glas gut verschließen. An einem lichtgeschützten Ort bei Zimmertemperatur für 48 Stunden lagern und gelegentlich umrühren.
Im Anschluss den Kokoskefir durch ein Plastiksieb (nicht Metall!) abgießen. Die Kulturen zur weiteren Lagerung in einem kleinen Gefäß mit Kokosmilch übergossen in den Kühlschrank stellen. Der eingedickte Milchkefir ist gut verschlossen im Kühlschrank 2 Wochen haltbar und kann somit auch auf Vorrat produziert werden.
Wichtig: Die Kefirknollen sollten niemals mit Metall in Berührung kommen, da sie sonst zerstört werden können.

Pfannenbrot mit Gewürzbutter

Zubereitungszeit: 25 Minuten

Für den Teig
200 g Mehl
7 g Trockenhefe
20 g Zucker
5 g Salz
150 g warmes Wasser

Für die Gewürzbutter
Gewürzbutter-Gewürzmischung*
30 g Dill
30 g Petersilie
30 g Schnittlauch
Zesten von 2 Zitronen
8 Knoblauchzehen
150 g Margarine
(Zimmertemperatur)

1. Alle Zutaten für den Teig zusammen verkneten und 10 Minuten ruhen lassen.
2. Dill, Petersilie und Schnittlauch hacken und mit der Gewürzbutter-Gewürzmischung*, den Zitronenzesten und der Margarine zu einer Paste verrühren.
3. Den Teig in vier Teile teilen und jedes Teil etwa 1 cm dick ausrollen.
4. Eine beschichtete (!) Pfanne ohne stark erhitzen, den Teig hinzugeben und von beiden Seiten jeweils 2 Minuten braten.
5. Aus der Pfanne nehmen, mit der Gewürzbutter bestreichen und servieren.

Tipp

Zum Pfannenbrot passen hervorragend die im Rezeptkapitel »Basics« vorgestellten Aufstriche, z. B. die Tomaten-Paprika-Paste (Adjika) oder der Aufstrich aus gerösteter Aubergine (▸ S. 70/71).

* **Gewürzbutter-Gewürzmischung** gibt es fertig zu kaufen, kann aber auch selbst nach individuellen Vorlieben zusammengestellt werden. Verwendet werden können je nach gewünschter Intensität beispielsweise 3–5 Wacholderbeeren, 1–2 Nelken und 8–12 Pfefferkörner. Die mildeste Sorte ist rosa Pfeffer, gefolgt von grünem, rotem, schwarzem und zuletzt weißem Pfeffer als schärfste Pfeffersorte. Die Gewürze können im Mörser fein zerkleinert oder bereits gemahlen gekauft werden.

Ukrainische Mini-Knödel

Haluŝky mit Birne und Erbsen

Zubereitungszeit: 50 Minuten + 1 Stunde Teigruhe

Für den Teig
300 g Mehl
2 TL Salz
1 TL Zucker
150 g lauwarmes Wasser
75 g neutrales Öl
30 g Leinsamen (fein gemahlen)*

Für die Garnitur
2 Birnen
200 g Erbsen (tiefgekühlt)
2 Schalotten
1 TL Bohnenkraut
½ Bund Schnittlauch
150 g Margarine
100 g vegane Sahne
3 EL geräuchertes Öl (▸ S. 67) (alternativ Olivenöl und eine Prise Rauchsalz)
Salz und Pfeffer

1. Alle Zutaten für den Teig miteinander in einer Schüssel vermengen und kneten, bis ein homogener Teig entsteht. Diesen kalt stellen und für eine Stunde ruhen lassen.
2. Den Teig in Rollen formen (Durchmesser je 2 cm) und mit einem Messer in ca. 1 cm dicke Stücke schneiden. Diese dann in gesalzenem Wasser für 5 Minuten kochen lassen, mit kaltem Wasser abschrecken, abtropfen lassen und lagern, bis sie weiterverarbeitet werden.
3. In einer beschichteten Pfanne die kalten Knödel mit der Hälfte der Margarine goldgelb und knusprig braten. Anschließend aus der Pfanne geben und zur Seite stellen.
4. Die Schalotten in kleine Würfel schneiden, die Birnen entkernen und in 0,5 cm dicke Würfel schneiden. Die Birnen in der beschichteten Pfanne ohne Fett braten, bis sie leicht karamellisiert sind. Anschließend die andere Hälfte der Margarine sowie die Zwiebeln in die Pfanne geben und 3 Minuten bei mittlerer Hitze garen lassen. Anschließend die TK-Erbsen sowie die vegane Sahne beigeben und einmal aufkochen lassen. Dann vom Herd nehmen.
5. In der Zwischenzeit den Schnittlauch in feine Röllchen schneiden und zusammen mit dem Bohnenkraut und dem geräucherten Öl sowie Salz und Pfeffer in die Pfanne geben. Gut verrühren.
6. Die zur seite gestellten Mini-Knödel hinzugeben und alles zusammen unter regelmäßigem Rühren für weitere 2–3 Minuten erhitzen, bis die Haluŝky wieder ausreichend warm sind.

Tipp

Haluŝky lassen sich auch gut auf Vorrat produzieren und einfrieren. Hierzu die Mini-Knödel nach dem Abkühlen auf Backpapier nebeneinander platzieren und für eine Stunde in den Tiefkühlschrank geben. Dadurch werden sie so fest, dass sie anschließend in einer tiefkühltauglichen Tupperdose übereinandergeschichtet und weiter eingefroren werden können. Sie sind so mindestens 2 Monate haltbar.

* Die **gemahlenen Leinsamen** (entweder im Mixer zerkleinert oder als Leinsamenmehl gekauft) dienen in diesem Rezept sowohl als Textur- als auch Geschmacksgeber, können aber auch weggelassen werden, ohne das Rezept misslingen zu lassen. In Bezug auf die Bindefähigkeit von Leinsamen gilt die Faustregel: 1 gestrichener EL Leinsamen + 3 EL Wasser ersetzen die Bindefähigkeit von einem Ei.

Buchweizen-Arancini

Zubereitungszeit: 15 Minuten + 20 bis 60 Minuten Kühlzeit

250 g kaltes Gretschnewaja Kascha (Buchweizen-Gemüse-Brei, Rezept auf Seite 111)
100 g Weizenmehl (als glutenfreie Alternative Reismehl)
100 g Aquafaba (▸ S. 61, nicht aufgeschlagen)*
100 g Paniermehl bzw. Semmelbrösel (bei Bedarf auch glutenfrei erhältlich)

1. Den abgekühlten Buchweizenbrei per Hand in kleine Kugeln zu je etwa 40 g formen und entweder in der kältesten Ebene des Kühlschranks (für gewöhnlich die unterste Ebene über dem Gemüsefach) für eine Stunde kaltstellen oder für 20 Minuten in das Tiefkühlfach stellen, damit sie fest genug für die weitere Verarbeitung werden.
2. In drei tiefe Teller jeweils das Weizenmehl, das Aquafaba sowie das Paniermehl geben. Anschließend die Buchweizenbällchen im Mehl wälzen, dann durch das Aquafaba ziehen und abschließend im Paniermehl wenden.
3. Die Buchweizen-Arancini in ausreichend Öl bei mittlerer Hitze (ca. 160–180 °C) für 5 Minuten frittieren und sofort servieren.

Tipp

Besonders lecker schmecken die Buchweizen-Arancini mit einem Okonomiyaki-Dip auf Basis von Ketchup, Worchestershiresauce, Sake, Mirin, Sojasauce und veganem Honig (Rezept siehe S. 161)

Abwandlung: Anstatt dem Buchweizenbrei kann als Basis für die Arancini auch das Reis-Gemüse-Plov (▸ S. 119) verwendet werden.

***Aquafaba,** das Kochwasser von Kichererbsen, wird in der veganen Küche in der Regel aufgeschlagen und als Ersatz für Eischnee verwendet. In diesem Rezept ersetzt es das Flüssig-Ei und wird daher nicht aufgeschlagen.

Deruny mit Apfel-Chutney und Feldkaviar

Zubereitungszeit: 30 Minuten

Für die Kartoffelpuffer
1 kg festkochende Kartoffeln
2 EL Mehl
2 EL Kartoffelstärke
Salz, Pfeffer und Muskatnuss

Für das Chutney
180 g Zucker
1 kg Äpfel (z. B. Boskop oder Granny Smith)
1 Messerspitze gemahlene Koriandersamen
100 g Margarine

Für den Feldkaviar
100 g Tonburi/Feldkaviar*
(Alternativ 50 g Frühlingszwiebel so klein wie möglich geschnitten)
1 EL salzreduzierte Sojasauce
1 EL Mirin
1 EL Sake
1/4 Bund Schnittlauch

Kartoffelpuffer

Die Kartoffeln reiben (nicht ausdrücken!), mit Mehl, Stärke, Salz, Pfeffer und Muskatnuss vermengen und portionsweise in ausreichend Öl bei mittlerer Hitze 3–5 Minuten knusprig ausbacken.

Chutney

Die Äpfel schälen und in kleine Würfel schneiden. Den Zucker in einer Pfanne hell karamellisieren. Anschließend die Margarine hinzugeben und mit dem Zucker verrühren. Sobald die Margarine gänzlich geschmolzen ist, die gewürfelten Äpfel sowie das Korianderpulver hinzugeben und die Äpfel solange garen, bis die aus ihnen austretende Flüssigkeit das Karamell löst und damit bindet.

Feldkaviar

Sojasauce, Mirin und Sake in einem kleinen Topf aufkochen, Hitze abschalten und den Feldkaviar sowie den in feine Röllchen geschnittenen Schnittlauch hinzugeben. Alles miteinander vermengen.

* **Tonburi** bezeichnet die proteinreichen Samen der Besenradmelde (auch Besenkraut oder Sommerzypresse genannt). Die schwarz-grünen Perlen mit etwa 1 bis 2 mm Durchmesser ähneln im Aussehen und in der Textur im weitesten Sinne Kaviar und werden daher Feldkaviar bzw. Landkaviar genannt. Sie haben eine knusprige Konsistenz und ähneln im Geschmack einer Mischung aus Brokkoli und Artischocken.

Ukrainische Gemüse-Reispfanne

Gemüse-Plov

Zubereitungszeit: 35 Minuten

200 g Langkornreis
2 mittelgroße Karotten
2 mittelgroße Zwiebeln
2 Stangen Staudensellerie
3 Knoblauchzehen
4 mittelgroße Tomaten
2 TL Tomatenmark
2 TL Ketchup
250 g Gemüsebrühe (▸ S. 65)
15 g Petersilie
40 g Margarine
4 EL Ponzu-Sauce (▸ S. 65)
Salz und Pfeffer

1. Den Reis waschen, bis das Wasser klar ist.
2. Zwiebeln und Karotten schälen und ebenso wie den Staudensellerie in kleine Würfel schneiden.
3. Das Gewürfelte zusammen mit dem gewaschenen Reis und der Margarine in einen Topf geben und 4–5 Minuten unter Rühren anrösten.
4. Die Tomaten sowie die Knoblauchzehen würfeln. Das Tomatenmark in den Topf geben und kurz mitbraten lassen (Achtung: Nicht anbrennen lassen!). Anschließend die Tomaten zusammen mit dem Knoblauch zum Gemüsereis in den Topf geben und für weitere 2–3 Minuten unter ständigem Rühren rösten.
5. Mit Gemüsebrühe aufgießen und im Anschluss die Ponzu-Sauce, den Ketchup sowie Salz und Pfeffer hinzugeben und bei niedriger Stufe mit Deckel ca. 12 Minuten köcheln lassen, bis der Reis gar ist.
6. Vor dem Servieren die Petersilie hacken und nach Belieben mit gebratenen Fleischalterativen, Sojaerzeugnissen, Seitan oder Pilzen servieren (▸ Abwandlung).

Tipp

Wenn etwas vom Reis übrig bleibt (oder man direkt mehr zubereitet), kann man ihn auch statt des Buchweizens als Grundlage für das abgewandelte Rezept der Arancini (▸ S. 119) verwenden.

Abwandlung: Plov bezeichnet ein in der Ukraine weitverbreitetes Reisgericht, das unter anderem mit Hühner-, Schweine- oder Rindfleisch zubereitet wird. Die hier vorgestellte Variante auf Gemüsebasis kann je nach geschmacklicher Vorliebe ebenfalls mit Fleischalternativen, Tempeh, Tofu, Seitan oder Pilzen ergänzt werden, die separat gebraten und über das Gericht gegeben werden.

Das Waschen von Reis erfüllt den Zweck, das Reiskorn von überschüssigen Stärkepartikeln zu befreien. Das dient dazu, dass der Reis während des Kochens nicht zu klebrig bzw. cremig, sondern bissfest und körnig wird. Möchte man auf Nummer sicher gehen, dass die Konsistenz optimal wird, kann man den Reis nach einmaligem Waschen auch für etwa eine halbe Stunde in Wasser einweichen. Das entfernt garantiert alle Stärkereste und verkürzt die Kochzeit.

Maisbrei mit Pilzen

Herzhaftes Banosh

Zubereitungszeit: 30 Minuten

100 g Instant-Polenta (vorgegarter Maisgrieß)
180 g Haferdrink
100 g vegane Sahne
1 Zweig Rosmarin und Thymian
5 Knoblauchzehen
80 g Maiskörner (tiefgekühlt)
7 EL Bratöl
5 Schalotten (alternativ 1–2 Zwiebel, je nach Größe)
400 g braune Champignons
2 EL salzreduzierte Sojasauce
2 EL Mirin
3 EL dunkler Balsamico-Essig

1. Knoblauch in Streifen schneiden, zusammen mit dem Haferdrink, der veganen Sahne sowie Thymian und Rosmarin aufkochen und abgedeckt 20 Minuten ziehen lassen.
2. In der Zwischenzeit die tiefgekühlten Maiskörner mit 2 EL Öl in einem Topf rösten, bis sie eine leichte Bräunung erhalten und ein Popcorn-Aroma wahrnehmbar ist. Dann Hitze reduzieren, die in feine Streifen geschnittenen Schalotten hinzugeben und bei mittlerer Hitze etwa 5 Minuten braten.
3. Nach 20 Minuten die Milch-Sahne-Mischung durch ein Sieb (um Knoblauch und Kräuter zu entfernen) in den Topf zu Mais und Zwiebeln gießen.
4. Nun die Instant-Polenta einrühren, mit Salz und Pfeffer würzen und 8 Minuten unter regelmäßigem Rühren köcheln lassen.
5. Während der Garzeit die Champignons in Scheiben schneiden, mit 5 EL Öl in einer beschichteten Pfanne scharf anbraten, mit Sojasauce, Mirin und Balsamico-Essig ablöschen und die Flüssigkeit so lange einreduzieren lassen, bis die Pilze »lackiert« sind. Abschließend mit Salz und Pfeffer abschmecken.

Abwandlung: Besonders lecker ist dieses Gericht, wenn es mit eingelegtem Tofu-Feta oder kross gebratenem Räuchertofu getoppt wird. Tofu-Feta kann fertig zubereitet gekauft oder alternativ mit nachfolgendem Rezept selbst einfach zubereitet werden: 500 g Tofu in ca. 1 cm große Würfel schneiden. 600 ml Wasser mit 40 ml Apfelessig und 10 g Salz aufkochen, die Tofuwürfel hinzugeben, vom Herd nehmen und mit Deckel verschlossen 15 Minuten ziehen lassen. Die Wasser-Essig-Salz-Kochflüssigkeit abgießen und den Tofu auskühlen lassen. In einem sterilen Glas 2 EL ungesüßten Sojajoghurt, 100 ml Olivenöl, 10 g Würzhefeflocken, 1/2 TL getrockneten Oregano sowie den Saft und die abgeriebene Schale einer Zitrone miteinander vermengen, den Tofu hinzugeben und alles gut miteinander verrühren. Das sterile Glas verschließen und den Tofu-Feta mindestens 24 Stunden (optimal 48 Std.) ziehen lassen. Im Anschluss innerhalb einer Woche verzehren.

Buchweizengrütze mit Apfel-Schalotten-Salat

Süßsaure Apfel-Zwiebel-Kascha

Zubereitungszeit: 50 Minuten

180 g Buchweizen
120 g Margarine
500 g Gemüsebrühe (▸S. 65)
250 g Zwiebeln
1 Bund Petersilie

Für den Apfel-Schalotten-Salat
2 Äpfel
3 Schalotten
80 g Essigzubereitung*
30 g Sonnenblumenöl
Salz und Pfeffer

1. Den Buchweizen für 12 Minuten bei 180 °C auf einem Blech rösten und im Anschluss weitere 12 Minuten in der Gemüsebrühe kochen.
2. In der Zwischenzeit die Zwiebeln fein würfeln und nach der Hälfte der Kochzeit zum Buchweizen geben.
3. Petersilie hacken. Am Ende der Garzeit mit der Margarine zum Buchweizen geben und 5 Minuten bei geschlossenem Deckel ziehen lassen.
4. Währenddessen die Äpfel in dünne sowie die Schalotten in noch feinere Streifen schneiden und mit der Essigzubereitung*, dem Öl sowie Salz und Pfeffer abschmecken. Mindestens 15 Minuten vor dem Servieren ziehen lassen.

Abwandlung: Anstatt dem Apfel-Schalotten-Salat kann auch ein Topping aus kross gebratenem Räuchertofu sowie sautierten Champignons zubereitet werden. Hierfür die Äpfel und Schalotten durch 200 g Räuchertofu sowie 400 g braune Champignons ersetzen. Zuerst den gewürfelten Räuchertofu mit 2 EL Öl in einer beschichteten Pfanne krossbraten und aus der Pfanne entfernen. Dann die in Streifen geschnittenen Champignons in 2 EL Öl anbraten und mit 2 EL Sojasauce, 2 EL Mirin sowie 3 EL dunklem Balsamico-Essig ablöschen, einreduzieren und mit Salz und Pfeffer abschmecken.

* **Rezept für die Essigzubereitung:** 30 g Apfelessig, 20 g Wasser und 30 g eines flüssigen Süßungsmittels (Apfeldicksaft, Ahornsirup, Reissirup etc.) miteinander vermengen. Alternativ kann man auch kristallinen Zucker verwenden, muss diesen aber kurz im Essigwasser aufkochen. Alternativ kann auch 80 g Sushi-Essig verwendet werden.

Gemüse- und Hülsenfrucht-gerichte

Tofu »Soljanka Art«

Zubereitungszeit: 20 Minuten

300 g Räuchertofu
2 EL neutrales Bratöl

Für die Sauce
2 mittelgroße Zwiebeln
2 Knoblauchzehen
2 Essiggurken (Gewürzgurken)
50 g Tomatenmark
1 EL Paprikapulver
300 ml Gemüsebrühe (▸ S. 65)
2 EL Kapern
2 EL neutrales Bratöl
Zesten von ½ Zitrone
Salz und Pfeffer

Für den Kräuterdip
50 g frische gemischte Kräuter (z. B. Dill, Petersilie und Estragon)
150 g veganer Joghurt, ungesüßt
50 g Sonnenblumenkerne
3 EL Sonnenblumenöl
2 EL Apfelessig
Salz und Pfeffer

Außerdem
Sprossen und Microgreens als Garnitur

Optional: 1–2 TL Speisestärke zum Binden

1. Zwiebeln, Knoblauch und Gurken würfeln und ohne Bräunung in Bratöl anschwitzen.
2. Tomatenmark und Paprikapulver dazugeben, einmal umrühren, direkt mit der Gemüsebrühe aufgießen, damit das Paprikapulver nicht bitter wird, und 10 Minuten köcheln lassen.
3. Sofern die Konsistenz nach der 10-minütigen Kochzeit noch nicht dickflüssig genug ist, dann je nach gewünschter Konsistenz 1–2 TL Speisestärke zunächst mit wenig Flüssigkeit in einem Glas zu einem glatten Brei vermengen und unter Rühren in die Tomatensauce geben. Aufkochen und mindestens 2 Minuten köcheln lassen, damit der Eigenschmack der Stärke reduziert wird. Abschließend die Kapern hinzugeben und mit Salz und Pfeffer abschmecken.
4. In der Zwischenzeit den Kräuterdip zubereiten. Hierfür die Sonnenblumenkerne in einem kleinen Topf mit Wasser bedecken, 10 Minuten mit Deckel kochen und danach abseihen (alternativ über Nacht einweichen). Anschließend die gekochten Sonnenblumenkerne mit Joghurt, Sonnenblumenöl, Apfelessig sowie Salz und Pfeffer in einem Mixer zu einem Dip verarbeiten (alternativ in einem hohen Gefäß mit Stabmixer). Zum Abschluss die Kräuter hacken, diese unterrühren und den Dip kühl stellen.
5. Kurz vor dem Servieren den Räuchertofu in ½ cm dicke Scheiben schneiden und beidseitig kross in Öl anbraten.

Die Mengenangaben für den **Kräuterdip** im Rezept ergeben eine größere Menge als für dieses Gericht vorgesehen, damit es sich besser mixen lässt und sich der Zubereitungsaufwand lohnt. Der auf Vorrat produzierte Dip passt auch sehr gut zu den Kartoffel-Zrazy (▸ S. 107) oder dem gebackenen Blumenkohl (▸ S. 144).

Soljanka ist eigentlich eine traditionelle Suppe, deren Name sich ursprünglich vom russischen Wort für »Salz« ableitet, da diese Suppe im Original Salzgurken enthält. In diesem Tofu-Rezept wurden die Elemente einer Soljanka verwendet, um eine schmackhafte ukrainisch-inspirierte Sauce für unseren Tofu zuzubereiten.

Kohlrouladen mit Pilz-Rahmsauce

Golubtsy

Zubereitungszeit: 35 Minuten

Für die Kohlrouladen

8 große Blätter Weißkohl
½ Kopf Spitzkohl
5 Schalotten (alternativ 2 mittelgroße Zwiebeln)
3 Knoblauchzehen
2 Äpfel
400 g veganes Hack (aus der Frischetheke)
30 g Ingwer (frisch, fein gerieben)
6 EL Bratöl (z. B. High-Oleic-Sonnenblumenöl)
Salz und Pfeffer

Für die Pilz-Rahmsauce

200g Champions (ca. 10 Stück)
2 Schalotten (alternativ 1 mittelgroße Zwiebel)
2 EL Bratöl
3 EL Tomatenmark
2 Knoblauchzehen
300 ml Gemüsebrühe (▸ S. 65)
3 EL salzreduzierte Sojasauce
2 EL Mirin
300 g vegane Sahne
30 g Petersilie

Außerdem: Sprossen und Microgreens als Garnitur

Optional: 1–2 TL Speisestärke*

1. Weißkohlblätter blanchieren und danach kalt abschrecken.
2. Den Ofen zum Garen der Rouladen auf 180 °C Umluft vorheizen. Den Spitzkohl und die Schalotten in feine Streifen schneiden und in 3 EL Öl etwa 5 Minuten bei mittlerer Hitze anbraten, bis sie leicht karamellisieren.
3. In der Zwischenzeit die Äpfel schälen und in feine Streifen schneiden, diese ebenfalls in die Pfanne geben und alles zusammen weitere 5 Minuten garen.
4. Anschließend den geriebenen Ingwer und fein geschnittenen Knoblauch hinzufügen, umrühren und nach kurzem weiteren Garen die Pfanne vom Herd nehmen.
5. Das vegane Hack mit der Apfel-Kohl-Schalottenmischung vermengen, mit Salz und Pfeffer würzen und in 8 Portionen teilen.
6. Die 8 Kohlblätter mit dem Nudelholz platt walzen, mit den 8 Teilen der Füllung befüllen, zu Rouladen aufrollen und mit Zahnstochern fixieren.
7. Kohlrouladen mit den restlichen 3 EL Öl in einer beschichteten Pfanne goldbraun anbraten. Aus der Pfanne nehmen und im Ofen bei 180 °C Umluft für 12 Minuten garen.
8. Während die Rouladen im Ofen garen, die Champignons vierteln, Schalotten in Streifen schneiden und in der Pfanne mit 2 EL Öl scharf anbraten. Anschließend fein geschnittenen Knoblauch und Tomatenmark hinzugeben, umrühren und kurz mitrösten. Im Anschluss mit Gemüsebrühe, veganer Sahne, Sojasauce und Mirin ablöschen und abschmecken.
9. Anschließend je nach gewünschter Konsistenz mit 1–2 TL Speisestärke binden* und mindestens 2 Minuten köcheln lassen, bevor die Sauce zum Abschluss mit der veganen Sahne und der gehackten Petersilie finalisiert wird.

Tipp

* Um Saucen zu binden, gibt es von diversen Marken Saucenbinder, aber derselbe Effekt kann auch mit Speisestärke (z. B. aus Mais oder Kartoffeln) erzielt werden. Als Richtwert gilt: 20–30 g Stärke pro 500 ml Flüssigkeit. Das Pulver wird zunächst mit wenig Flüssigkeit zu einem glatten Brei vermengt und dann unter Rühren in die Sauce gegeben. Die vollständige Bindekraft wird nach etwa drei Minuten köcheln erreicht, daher langsam und in mehreren Schritten die Stärke zugeben, weil es sonst schnell zu viel sein kann.

Ofenpastinake mit Dill-Chimichurri

Zubereitungszeit: 40 Minuten + 30 Minuten Ziehdauer

Für die Ofenpastinake

3 Pastinaken
3 EL Zuckerrübensirup (alternativ Reissirup/Ahornsirup)
4 EL Sonnenblumenöl (am besten High-Oleic-Sonnenblumenöl)
50 ml Gemüsebrühe (▸ S. 65)
1 Messerspitze Wacholderpulver
1 Messerspitze Nelkenpulver
Salz und Pfeffer

Optional: 20 ml Ponzu-Sauce (▸ S. 66)

Für das Dill-Chimichuri

100 g Frühlingszwiebeln (alternativ Schalotten)
2 Knoblauchzehen
4 Gewürz- bzw. Essiggurken
½ Bund Dill
½ Bund Petersilie
2 EL Apfelessig (alternativ Weißweinessig)
70 ml Sonnenblumenöl
8 entsteinte Datteln (mind. 1 Std. eingeweicht)
100 ml Gurkenwasser (aus dem Glas der Essiggurken)
1 TL Oregano (getrocknet)
Salz und Pfeffer

Außerdem: Sprossen als Garnitur

1. Die Pastinaken waschen und der Länge nach vierteln oder sechsteln (je nach Größe).
2. Alle anderen Zutaten in eine Schüssel geben und zu einer Marinade verrühren.
3. Die Pastinaken in der Marinade einlegen und etwa eine halbe Stunde ziehen lassen.
4. Anschließend auf ein mit Backpapier belegtes Blech verteilen und bei 180 °C für 30–35 Minuten bei Umluft im Ofen backen. Falls noch Marinade übrig geblieben ist, diese in den letzten 10 Minuten noch über das Gemüse verteilen.
5. Während der Backzeit der Pastinake das Dill-Chimichurri zubereiten: Die Lauchzwiebel klein schneiden und zusammen mit den restlichen Zutaten im Mixer zu einer homogenen Masse mixen.

Abwandlung: Wenn keine Pastinake zur Hand ist, kann das Rezept auch mit Petersilienwurzel oder Karotten zubereitet werden. Die Garzeiten der Karotte sind ein wenig kürzer, jene der Petersilienwurzel unwesentlich länger.

Weiße-Bohnen-Ragout mit Räuchertofu

Zubereitungszeit: 20 Minuten

2 mittelgroße Zwiebeln
150 g Räuchertofu
2 EL Bratöl
3 EL Kapern (eingelegt)
1 Zitronen (unbehandelte Schale)
500 g passierte Tomaten
1 Dose gekochte weiße Riesenbohnen (abgetropft)
30 g frische Kräuter (z. B. Mischung aus Dill, Petersilie und Estragon)

Optional: je nach Säure der Tomatensauce 1 EL Zucker oder Sirup wie Reissirup

1. Die Zwiebeln fein würfeln, den Tofu in ½ cm Würfel schneiden, und beides in Öl goldbraun braten.
2. Währenddessen die Schale der Zitrone dünn abreiben und das Zitronen-Fruchtfleisch filetieren. Die Zitronenfilets ebenso wie die Kapern klein schneiden, in die Pfanne geben, umrühren und kurz mit garen.
3. Passierte Tomaten zugeben, aufkochen und 5 Minuten köcheln lassen.
4. Im Anschluss die weißen Bohnen hinzugeben und weitere 5 Minuten köcheln lassen.
5. Zum Schluss die gehackten Kräuter hinzugeben und mit Salz, Pfeffer (und je nach Säure der Tomaten auch mit etwas Zucker bzw. süßen Sirup) abschmecken.

Abwandlung: Der Räuchertofu kann auch durch geräucherten Tempeh ersetzt werden. Tempeh ist ein traditionelles indonesisches Fermentationsprodukt, das durch »Beimpfung« gekochter Sojabohnen (oder anderer Hülsenfrüchte) mit Edelschimmelpilzen entsteht. Roher Tempeh ist aufgrund seines hohen Wassergehaltes leicht verderblich und sollte daher sorgfältig und gut gekühlt gelagert werden, lässt sich aber auch sehr gut einfrieren. Qualitativ hochwertiger Tempeh hat einen angenehm milden, etwas pilzartigen Geschmack sowie einen festen, aber zarten Biss.

Gefüllte Paprika nach ukrainischer Art

Zubereitungszeit: 40 Minuten

4 große Spitzparika
150 g Räuchertofu
3 EL Bratöl
300 g Gemüse-Plov (▸ S. 123)
Salz und Pfeffer

Außerdem: Kräuter und Sprossen als Garnitur

1. Tofu mit der Gabel fein zerkrümeln (oder fein hacken), in einer Pfanne bis zur leichten Bräunung rösten und zum Gemüse-Plov geben.
2. Die Spitzpaprika halbieren, von Kernen befreien und mit der Tofu-Reis-Masse befüllen.
3. In eine geeignete Auflaufform geben und bei 200 °C für 25–30 Minuten im Ofen (Umluft) garen.

Tipp

Besonders schmackhaft wird das Rezept, wenn man die gefüllten Paprika an der Oberfläche vor dem Garen im Ofen noch mit selbstgemachtem Hefeschmelz überzieht.
Hierzu 50 g Margarine in einem Topf schmelzen lassen, im Anschluss 2 EL Weizenmehl hinzugeben und dieses in der Margarine verrühren. Anschließend 200 ml ungesüßten Pflanzendrink hinzugeben und diesen unter ständigem Rühren aufkochen, bis eine dickflüssige Saucenkonsistenz entsteht. Danach den Herd ausschalten, 6 EL Hefeflocken, 1 TL Senf sowie Salz, Pfeffer und eine Prise geriebene Muskatnuss hinzugeben und alles miteinander verrühren. Für eine kräftige gelbe Farbe optional eine Messerspitze Kurkuma hinzugeben. Wichtig: Verdünnen ist leichter als nachdicken. Um beim ersten Mal auf Nummer sicher zu gehen, lieber zu Beginn nur ¾ der Pflanzenmilch hinzugeben und dann nach Bedarf mit mehr Pflanzendrink verdünnen.

Auf dem Rezeptbild wird die gefüllte Paprika mit Adjika (▸ S. 71) serviert.

Abwandlung: Alternativ kann man die Paprika anstatt mit dem Gemüsereis (Gemüse-Plov) auch mit dem Buchweizen-Gemüse-Brei (Gretschnewaja Kascha, S. 111) füllen.

Gebackener Blumenkohl

Zubereitungszeit: 1 Stunde + 30 Minuten Ziehdauer

1 ganzer Blumenkohl
3 EL Apfeldicksaft (alternativ Reissirup)
1 Orange (unbehandelte Schale)
1 gestrichener TL Salz
4 EL neutrales Bratöl
4 EL geräuchertes Öl (▸ S. 67, alternativ Olivenöl und Rauchsalz)
4 EL Chiliöl (alternativ Olivenöl und 2 kernlose zerkleinerte Chilischoten)
80 g Paniermehl/Semmelbrösel
Salz, Pfeffer und Muskatnuss

Außerdem: ¼ Bund Schnittlauch

1. Öl, Apfeldicksaft, den Saft einer Orange, Salz und Pfeffer mischen. Anschließend den Blumenkohl von den grünen Blättern befreien, den ganzen Blumenkohlkopf von außen mit der Marinade einreiben und 30 Minuten ziehen lassen.
2. Nach einer halben Stunde den marinierten Blumenkohl auf einem Blech bei 160 °C für 45 Minuten bei Umluft im Ofen garen.
3. Nach zwei Dritteln der Garzeit das geräucherte Öl mit dem Chili-Öl in einer Pfanne leicht erwärmen, das Paniermehl zugeben und knusprig braten. Anschließend die Schale einer unbehandelten, gewaschenen Orange abreiben oder mit einem Zestenreißer dünne Streifen abschneiden und hinzugeben. Mit Salz, Pfeffer und geriebener Muskatnuss abschmecken.
4. Kurz vor Ende der Garzeit ¼ Bund Schnittlauch in feine Röllchen schneiden und beim Servieren über den gebackenen Blumenkohl streuen.

Tipp

Der gebackene Blumenkohl kann auf Wunsch mit einer Sonnenblumenkern-Joghurt-Kräuter-Creme serviert werden. Hierzu 50 g Sonnenblumenkerne in einem kleinen Topf mit Wasser bedecken, erhitzen und 10 Minuten mit Deckel kochen, danach abseihen (alternativ können sie auch über Nacht eingeweicht werden). Anschließend die gekochten Sonnenblumenkerne mit 150 g ungesüßtem pflanzlichen Joghurt, 3 EL Sonnenblumenöl, 2 EL Apfelessig sowie Salz und Pfeffer in einem Mixer zu einem Dip verarbeiten (alternativ in einem hohen Gefäß mit Stabmixer). Zum Schluss 50 g Kräuter (z. B. Dill, Petersilie und Estragon) hacken, diese unterrühren und den Dip kühl stellen.

Knollensellerie-Schaschlikspieße mit Adjika-Dip

Zubereitungszeit: 1 Stunde
+ mind. 2 Stunden Auskühlzeit

Für die Selleriespieße
1 mittelgroße Sellerieknolle
200 ml Bratöl
(z. B. High-Oleic-Sonnenblumenöl)
75 g Weißweinessig
Stiele von einem Bund Petersilie
Stiele von einem Bund Dill
12 Pfefferkörner
6 Wacholderbeeren
6 Knoblauchzehen
2 mittelgroße Zwiebeln

Für den Adjika-Dip
150 g Adjika (▸ S. 71)
50 g Sonnenblumenkerne
50 g Tomatenmark
3 EL Rotweinessig (alternativ dunkler Balsamico-Essig)
3 EL Zuckerrübensirup (alternativ Ahornsirup)
Salz und Pfeffer

Außerdem: fein geschnittene rote Zwiebelringe und frische Kräuter (z. B. Petersilie und Dill) zum Servieren

1. Den Sellerie schälen und in etwa 3 cm große Würfel schneiden.
2. Die Wacholderbeeren und Pfefferkörner mit dem Messer zerdrücken (oder im Mörser zerkleinern) und zusammen mit Sonnenblumenöl, Weißweinessig, den Kräuterstielen, gewürfelten Zwiebeln und gehacktem Knoblauch in einen Topf geben.
3. Die Selleriewürfel in das kalte Öl legen, bei schwacher bis maximal mittlerer Temperatur langsam erhitzen und ca. 15 Minuten im Öl garen lassen. Im Anschluss die Selleriewürfel im Öl auskühlen lassen (mindestens 2 Stunden, noch besser über Nacht).
4. In der Zwischenzeit die Adjika-Sauce zubereiten: Hierfür die Sonnenblumenkerne in einem kleinen Topf mit Wasser bedecken, 10 Minuten mit Deckel kochen und danach abseihen (alternativ können sie auch über Nacht eingeweicht werden). Anschließend die gekochten Sonnenblumenkerne mit Adjika, Tomatenmark, Rotweinessig und Zuckerrübensirup sowie Salz und Pfeffer in einem Mixer glatt mixen (alternativ in einem hohen Gefäß mit Stabmixer).
5. Nach dem Abkühlen die Selleriewürfel auf Holzspieße stecken, in einer Pfanne scharf von allen Seiten anbraten und zusammen mit dem Adjika-Dip, fein geschnittenen roten Zwiebeln und frischen Kräutern servieren.

Anstatt die Spieße in der Pfanne zu braten können sie alternativ auch mit einem Bunsenbrenner abgeflämmt und anschließend für 8–10 Minuten bei 160 °C im Ofen gegart werden.

Tipp

Wenn keine selbstgemachte Adjika als Basis für den Dip zur Verfügung steht, kann hier alternativ fertig gekauftes Ajvar verwendet werden. Ajvar enthält zwar im Gegensatz zu Adjika keine Karotten und Stangensellerie, dafür aber Aubergine, und kann in jedem der Rezepte als schneller Convenience-Ersatz verwendet werden.

Gebratener Baby-Brokkoli mit Birnenragout

Zubereitungszeit: 20 Minuten

400 g Baby-Brokkoli (alternativ herkommlicher Brokkoli)
4 mittelgroße Birnen
30 g Margarine
40 g Zucker
60 g geröstete Sonnenblumenkerne*
20 g Weißwein
20 g Petersilie
20 g Schnittlauch
2 EL Bratöl

Außerdem: Microgreens als Garnitur

1. Die Birnen waschen, vierteln, entkernen und in ca. 1 cm große Würfel schneiden. Petersilie und Schnittlauch fein schneiden.
2. 40 g Zucker in eine Pfanne geben und bei niedriger Hitze hell karamellisieren lassen. Wenn der Zucker aufgelöst ist, die Margarine hinzugeben und mit dem Zucker verrühren. Sobald die Margarine gänzlich geschmolzen ist, die gewürfelten Birnen und die Kräuter hinzugeben, umrühren, mit dem Weißwein ablöschen und kurz aufkochen lassen.
3. Den Baby-Brokkoli in einer Pfanne mit dem Öl kurz goldbraun braten und leicht salzen, damit dieser noch genügend Biss hat und der Eigengeschmack gut zur Geltung kommt.
4. Währenddessen die Kräuter hacken. Die Birnenwürfel in Schüsseln aufteilen, den Brokkoli seitlich arrangieren und mit gerösteten Sonnenblumenkernen und Microgreens toppen.

Baby-Brokkoli ist ein Sammelbegriff für mehrere Züchtungsvarianten von Brokkoli. Diese umfassen unter anderem Brokkolini, Spargelbrokkoli und Wildbrokkoli. Die wohl bekannteste und hierzulande am weitesten verbreitete Baby-Brokkoli-Züchtung entstand 1993 in Japan und wird unter anderem unter dem Namen Bimi-Brokkoli verkauft. Bimi ist süßer als andere Brokkoli-Varianten, hat einen leicht nussigen Geschmack und eine angenehm knackige Konsistenz.

Wie eine Studie (Süvari, M. et al., 2017) herusfand sind **Sonnenblumenkerne** beim Rösten zwar weniger anfällig für die Entstehung größerer Mengen Acrylamid, aber auch sie sollten nicht über 140 °C erhitzt werden. Die Studie zeigte beispielsweise, dass sich die Menge an Acrylamid in Sonnenblumenkernen bei 2-minütiger Röstzeit bei 170 °C schon im Vergleich zu 160 °C fast verdoppelte. In einer Studie mit Mandeln (Schlörmann, W. et al., 2015) steig die Acrylamidmenge bei einer Rösttemperatur von 151 °C (für 25 Minuten) im Vergleich zu 139 °C (für 25 Minuten) um das 33-fache.

Rote Bete Stroganoff

Zubereitungszeit: 45 Minuten

400 g Rote Bete (roh)*
3 Schalotten (alternativ 1 mittelgroße Zwiebel)
200 g Pilze (z. B. Shiitake, Enoki, Buchenpilze oder Champignons)
5 mittelgroße Gewürzgurken (eingelegt)
15 kleine Perlzwiebeln (eingelegt)
3 EL Sake
2 EL salzreduzierte Sojasauce
3 EL Mirin
80 g Tomatenmark
3 EL Paprikapulver
1 TL geräuchertes Paprikapulver (alternativ Rauchsalz oder Rauchöl, ▸ S. 67)
1 Liter Gemüsebrühe (▸ S. 65)**
3 EL Bratöl
Salz und Pfeffer

Optional zum Eindicken:
1–2 TL Speisestärke

1. Schalotten, Pilze, Gewürzgurken und Perlzwiebeln klein schneiden und in 3 El Öl in einem Topf anschwitzen.
2. Tomatenmark und beide Paprikapulver dazugeben, einmal umrühren, direkt mit der Gemüsebrühe, Sake, Sojasauce und Mirin aufgießen und 10 Minuten köcheln lassen.
3. In der Zwischenzeit die rohe Rote Bete schälen, vierteln, in die Flüssigkeit geben und ohne Deckel (je nach Größe der Bete) 20–25 Minuten garen.
4. Abschließend je nach gewünschter Konsistenz 1–2 TL Speisestärke zunächst mit wenig Flüssigkeit in einem Glas zu einem glatten Brei vermengen und dann unter Rühren in die Sauce des Stroganoff gegeben. Erst nach etwa zwei Minuten sprudelndem Kochen hat die Speisestärke ihre Bindewirkung vollständig entfaltet, daher zunächst vorsichtig mit der Speisestärke umgehen. Zum Schluss mit Salz und Pfeffer abschmecken.

***Alternative:** Sofern vorhanden, können für dieses Rezept auch die auf Salz gegarte Rote Bete (▸ S. 62) verwenden werden. Diese müssen dann lediglich 5 Minuten (anstatt 20–25) in der Flüssigkeit garen.

Zur Herstellung einer **Gemüsebrühe nach unserem Rezept werden 2 EL Gemüsebrühenpaste pro Liter Wasser verwendet. Hier wird die Menge verdoppelt, um die Brühe intensiver zu machen.

Gebrannter Spitzkohl mit Birnen-Walnuss-Mayonnaise

Zubereitungszeit: 60 Minuten

1 Spitzkohl
2 Birnen (alternativ Äpfel)
1 mittelgroße rote Zwiebel
80 g geröstete Walnüsse*
2 EL geräuchertes Öl (alternativ Olivenöl und 1 Prise Rauchsalz)
1 EL Apfelessig (alternativ Weißweinessig)
100 g vegane Mayonnaise (▸ S. 62)
15 g Ingwer (ohne Schale, gerieben)

1. Die äußersten Blätter vom Spitzkohl entfernen. Spitzkohl im Ganzen bei 220 °C Grad für 45 Minuten im Ofen backen, bis der Spitzkohl außen schwarz ist. Von innen ist er dann noch saftig und süßlich, die äußere verbrannte Schicht wird vor dem Servieren entfernt.
2. In der Zwischenzeit die Birnen und die rote Zwiebel schälen und in feine Streifen schneiden. Die gerösteten Walnüsse grob hacken, alles zusammen mit Mayonnaise, Öl, Essig und dem geriebenen Ingwer vermischen und mit Salz und Pfeffer abschmecken. Die Zwiebel-Birnen-Mayonnaise sollte zeitnah nach der Zubereitung verzehrt werden, da sie recht rasch an kulinarischer Qualität einbüßt.

Tipp

Sämtliche Nüsse und Samen sollten, wann immer möglich, im Ofen geröstet werden, um die Temperatur besser unter Kontrolle zu haben und ein gleichmäßigeres Bräunen zu erzielen. Da sich bei höheren Temperaturen der Gesundheit abträgliche Stoffe wie Acrylamid bilden können, sollten Nüssen und Samen bei niedrigeren Temperaturen von etwa 140 °C (Ober- und Unterhitze) im Ofen geröstet werden.

Wie eine Studie (Schlörmann, W. et al., 2015) zeigte, sind **Walnüsse** im Vergleich zu anderen Nüssen ganz besonders anfällig für höhere Rösttemperaturen. Daher sollten diese, wenn möglich, nur bei 120 °C geröstet werden. Die Röstdauer kann dafür erhöht werden, da die Studie zeigte, dass die Röstdauer einen deutlich geringeren Einfluss auf die Acrylmaidbildung hat als die Temperatur. Folgende Röstzeiten und Temperaturen können beim Rösten von Nüssen als Richtwert herangezogen werden:

- Walnüsse: 10–15 Minuten bei 120 °C
- Mandeln: 15–20 Minuten bei 130 °C
- Mandelstäbchen/Splitter: 10 Minuten bei 130 °C
- Erdnüsse: 25–30 Minuten bei 140 °C
- Cashewkerne: 20–25 Minuten bei 140 °C
- Macadamianüsse: 15–20 Minuten bei 140 °C

Erbsenflan mit Rettichsalat

Zubereitungszeit: 40 Minuten + 20 Minuten Abkühlzeit

Für den Erbsenflan

500 g Erbsen (tiefgekühlt)
350 g Gemüsebrühe (▸ S. 65)
2 EL Apfelessig (alternativ Weißweinessig)
2 EL Apfeldicksaft (alternativ heller Reissirup)
1 Bund Basilikum (ca. 30 g)
2 EL Shiro Miso
50 g Cashewmus (alternativ über Nacht eingeweichte Chashews, abgegossen)
4 g Agar-Agar-Pulver (ca. ¾ gestrichener TL)*
Salz und Pfeffer

Für den Rettichsalat

12 Radieschen
150 g Rettich (alternativ die doppelte Menge Radieschen)
3 EL g Apfeldicksaft (alternativ Reissirup)
3 EL Apfelessig (alternativ Weißweinessig)
3 EL Sonnenblumenöl
Salz und Pfeffer
100 g Pomelo (alternativ 50/50 Grapefruit und Mandarine)

Außerdem: frische Kräuter und Microgreens als Garnitur

1. Die tiefgekühlten Erbsen in der Gemüsebrühe aufkochen.
2. Anschließend Essig, Dicksaft, Basilikum, Misopaste, Cashewmus sowie Salz und Pfeffer hinzugeben und in einem leistungsstarken Mixer glatt pürieren.
3. Die Erbsenmasse durch ein Sieb passieren und zurück in den Topf geben, das Agar-Agar-Pulver hinzufügen und unter ständigem Rühren 2 Minuten köcheln lassen. Anschließend in die gewünschten Schalen füllen und im Kühlschrank abkühlen lassen, sodass das Agar-Agar die vollständige Bindungskraft entfalten kann.
4. Während der Erbsenflan abkühlt, die Radieschen waschen und vierteln, den Rettich in feine Streifen schneiden und beides in eine Schüssel geben.
5. Für das Dressing Essig, Öl, Dicksaft, Salz und Pfeffer zu einem Dressing verrühren und die Radieschen-Rettich-Mischung damit marinieren.
6. Kurz vor dem Servieren die Pomelo schälen, in ihre Segmente zupfen, klein schneiden, unter die Radieschen-Rettich-Mischung heben und diese dann auf dem abgekühlten Flan anrichten.

***Agar** (auch Agar-Agar genannt) ist ein Kohlenhydrat aus der Gruppe der Vielfachzucker (Polysaccharide), das als vegane Alternative zu Gelatine und anderen Bindemitteln eingesetzt werden kann. Agar wird aus den Zellwänden einiger Algenarten hergestellt, ist weitestgehend geschmacksneutral und verliert sein beim Einkochen leicht »meeriges« Aroma rasch. Agar ist für den Menschen unverdaulich und somit quasi kalorienfrei. Ein halber Teelöffel Agarpulver geliert ähnlich stark wie vier Blatt Gelatine.

Tipp **Die übrig gebliebenen Erbsenschalen können dünn aufgestrichen auf Backpapier für ca. 3 Stunden bei 60 °C Umluft getrocknet und anschließend im Standmixer gemahlen werden. Das Erbsenmehl kann bis zu 10 % des Mehls in Backerzeugnissen wie der Pyrizhky (▸ S. 155) ersetzen.**

Gebäck und Süßes

Gefüllter Hefeteigkuchen

Pyrizhky

Zubereitungszeit: 40 Minuten + 30 Minuten Teigruhe

Für den Teig

250 g Mehl (Type 405)
7 g Trockenhefe (= 1 Päckchen, = ½ Würfel frische Hefe)
1 TL Salz
1 TL Zucker
70 g lauwarmes Wasser
70 g lauwarmer Pflanzendrink (z. B. Hafer- oder Sojamilch)
1 EL vegane Mayonnaise (▸ S. 62)
1 TL neutrales Öl

Für die Füllung

3 Schalotten (alternativ 1 mittelgroße Zwiebel)
½ Kopf Weißkohl (äußere Blätter entfernt)
10 mittelgroße Champignons (ca. 200 g)
2 mittelgroße Karotten (geschält)
2 Stangen Staudensellerie
1 gestrichener EL Paprikapulver (edelsüß)
3 Knoblauchzehen
2 EL Tomatenmark
125 g Gemüsebrühe (▸ S. 65)
50 g Weißwein (alternativ 50 g Apfelsaft und 2 EL Apfelessig)
2 EL Bratöl
50 g Margarine
50 g gemischte Kräuter (z. B. Schnittlauch, Petersilie, Dill)

1. Mehl, Trockenhefe, Salz und Zucker miteinander in einer Schüssel vermischen.
2. In einer separaten Schüssel Wasser, Pflanzendrink, Mayonnaise und Öl miteinander vermengen und das Gemisch anschließend zu den Trockenzutaten des Teigs geben.
3. Die Flüssigkeit 5 Minuten in die Trockenzutaten einarbeiten, bis ein homogener Teig entsteht. Den Teig abgedeckt (z. B. mit sauberem Küchentuch) für 30 Minuten an einem warmen Ort aufgehen lassen.
4. Während der Teigruhe Schalotten, Weißkohl, Pilze, Karotten und Staudensellerie in feine Streifen schneiden (oder mit der Gemüsereibe hobeln). In der Pfanne mit dem Öl scharf anbraten.
5. Fein geschnittenen Knoblauch, Paprikapulver und Tomatenmark hinzugeben, unterrühren und kurz mitgaren. Anschließend mit dem Weißwein ablöschen. Wenn dieser verkocht ist, mit der Gemüsebrühe aufgießen und die Margarine einrühren.
6. Nach Abschluss der Teigruhe diesen in zwei gleich große Teile teilen, beide ausrollen (je nach Vorliebe ½–1 cm dick) und die erste Hälfte in eine geölte Backform geben.
7. Die Füllung gleichmäßig drauf verteilen. Die zweite Hälfte des ausgerollten Teigs darüber geben, die Ränder gut zusammendrücken und bei 150 °C Umluft für 20–25 Minuten im vorgeheizten Ofen backen – je nach Backofen. Um sicherzugehen, dass der Pyrizhky gelingt, nach 20 Minuten regelmäßig den Backfortschritt überprüfen.

Abwandlung: Pyrizhky lässt sich auch wunderbar süß füllen. Hierzu 300 g Zucker in einer Pfanne karamellisieren. 80 g Margarine hinzugeben, im Zucker verrühren, und sobald sie gänzlich geschmolzen ist, 800 g entkernte und geviertelte Pflaumen hinzugeben, umrühren und mit 200 g Pflaumensaft (alternativ Apfelsaft) und 100 g Rotwein aufgießen. Einkochen lassen, bis die Konsistenz sirupartig ist. Wenn die Pflaumen abgekühlt sind, 400 g veganen Quark, 1 TL Zimt, 50 g Rosinen (oder andere Trockenfrüchte), 50 g zuvor im Ofen geröstete und gehackte Nüsse nach Wahl sowie 1 Päckchen Vanillepudding-Pulver á 37g hinzugeben. Unterrühren und den Teig wie bei der deftigen Variante füllen.

Hefeteigbrötchen mit Knoblauch und Dill

Pampuschky

Zubereitungszeit: 30 Minuten + 1 Stunde Teigruhe

Für den Teig
450 g Mehl (Type 405)
½ Würfel Hefe (= 21 g)
250 g ungesüßte Pflanzenmilch
5 g Salz
30 g Zucker
70 g Margarine

Für das Topping
4 EL neutrales Öl (z. B. High-Oleic-Sonnenblumenöl)
4 EL ungesüßte Pflanzenmilch (lauwarm)
2 EL Dill
8 Knoblauchzehen
Salz und Pfeffer

Außerdem: Öl zum Bestreichen der Backform

1. Die Pflanzenmilch zusammen mit der Margarine in einen Topf geben und bei niedriger Temperatur so lange erwärmen, bis die Margarine geschmolzen ist, die Pflanzenmilch aber noch nicht heiß ist.
2. Das Mehl in eine Rührschüssel geben und die Hefe darauf bröckeln.
3. Salz, Zucker und die Milch-Margarine-Mischung (diese darf maximal lauwarm sein!) hinzugeben und alles zu einem glatten Teig verarbeiten.
4. Den Teig zugedeckt an einem warmen Ort 40 Minuten ruhen lassen.
5. Den Teig anschließend in 6 gleiche Teile aufteilen, zu kugeln formen und diese in eine ausreichend geölte Backform geben.
6. Knoblauchzehen und Dill fein hacken und zusammen mit Öl, Pflanzenmilch sowie Salz und Pfeffer verrühren. Dieses Topping über die Pampuschki-Kugeln in der Backform streichen.
7. Den bestrichenen Teig weitere 20 Minuten gehen lassen und im Anschluss im vorgeheizten Backofen bei 150 °C Umluft für etwa 20 bis 25 Minuten backen. Um sicherzugehen, dass das Pampuschki gelingt, nach 20 Minuten regelmäßig den Backfortschritt überprüfen.

Abwandlung: Pampuschki kann auch süß getoppt werden. Hierzu 50 g geschmolzene (maximal lauwarme!) Margarine mit 50 g Ahornsirup (alternativ braunem Reissirup), den Zesten der Schale einer unbehandelten Orange und 2 EL gehackten Mandelsplitter vermengen und den Teig damit vor dem Backen bestreichen.

Bublyky-Kastenbrot

Zubereitungszeit: 30 Minuten + 80 Minuten Ruhezeit

Für den Teig
75 g Margarine
250 g Wasser
500 g Mehl (Type 405)
1 Würfel Hefe (42 g)
1 TL Salz
50 g Zucker

Für das Topping
2 EL Kerne nach Wahl (z. B. Sesam, Mohn oder Sonnenblumenkerne)
1 EL Mehl (Type 405)
1 TL Puderzucker oder Reissirup
3 EL Wasser

Außerdem: Öl zum Bestreichen der Backform

1. Das Wasser zusammen mit der Margarine in einen Topf geben und bei niedriger Temperatur so lange erwärmen, bis die Margarine geschmolzen ist, das Wasser aber noch nicht heiß ist.
2. Das Mehl in eine Rührschüssel geben und die Hefe darauf bröckeln.
3. Salz, Zucker und die Wasser-Margarine-Mischung (diese darf maximal lauwarm sein!) hinzugeben und alles zu einem glatten Teig verarbeiten.
4. Den Teig zugedeckt an einem warmen Ort 60 Minuten ruhen lassen und anschließend in eine passende eingeölte Backform geben.
5. Damit das Topping gut haftet, einen »Mehlkleister« herstellen: Hierzu einen Esslöffel Mehl mit einem Teelöffel Puderzucker (oder Reissirup) sowie zwei Esslöffeln Wasser klümpchenfrei verrühren, auf der Oberfläche des Bulbiki verstreichen und zügig danach das gewünschte Topping (Sesam, Mohn, Sonnenblumenkerne etc.) darüber streuen.
6. Den bestrichenen Teig weitere 20 Minuten gehen lassen und im Anschluss im vorgeheizten Backofen bei 150 °C für 15 bis 20 Minuten bei Umluft backen. Um sicherzugehen, dass das Bublyky gelingt, nach 15 Minuten regelmäßig den Backfortschritt überprüfen.

Als **Bublyky** werden in der Ukraine weiche Kringel aus leicht gesüßtem Hefeteig bezeichnet. Deren charakteristische Form erklärt sich wahrscheinlich daraus, dass sie auf einer Stange oder Schnur leicht transportiert werden können, da Straßenhändler sich einfach Schnüre mit Bublyky um den Hals hängen und so die Hände freibehalten. Da unser Bublyky nicht auf der Straße verkauft werden soll, sondern möglichst praktisch in den eigenen vier Wänden als Unterlage für unsere Aufstriche (▸ S. 69–71) dienen soll, haben wir uns dafür entschieden, den Bublyky-Teig einfach in einer Kastenform zu backen.

Frische Hefe ist deutlich kürzer haltbar als Trockenhefe. Frischhefe hält etwa 12 Tage und muss im Kühlschrank gelagert werden. Ein Würfel Frischhefe (42 g) liefert die Triebkraft von zwei Päckchen Trockenhefe (je 7 g). Bei Verwendung von zu heißer Flüssigkeit (Wasser, Pflanzenmilch) verliert die Hefe ihre Triebkraft, weshalb maximal lauwarme Flüssigkeit für den Teig verwendet werden sollte.

Traditionell wird die **Kalyta** in der Ukraine mit der Hand zu einer Scheibe mit einem Loch geformt (oder in einer kranzförmigen Backform mit Loch gebacken) und sehr kunstvoll verziert. Das Loch in der Mitte wird dabei genutzt, um sie mit einem roten Band zu versehen und aufhängen zu können. Unsere Variante ist nicht als Wanddekoration, sondern zum direkten Verzehr gedacht und wurde daher simpel auf einem herkömmlichen Backblech gebacken. Sie ist aber ebenso lecker wie das Original, versprochen!

Mohn-Walnuss-Kuchen

Kalyta

Zubereitungszeit: 20 Minuten + 80 Minuten Ruhezeit

180 g Pflanzenmilch (z. B. Hafer- oder Sojadrink)
50 g Margarine
2 Bananen (überreif, gestampft)
50 g Mohn
3 EL veganer Honig*
Saft und Zesten von einer Zitrone
Saft und Zesten von einer Orange
350 g Mehl (Type 405)
80 g Zucker
1 ½ Tl Backpulver
1 Prise Salz
1 TL Zimtpulver (Ceylon)
¼ TL Nelkenpulver
60 g Walnüsse (im Ofen vorgeröstet und gehackt)
80 g Rosinen

Für das Topping

2 EL gehackte Walnüsse und/ oder Mohn
1 EL Mehl (Type 405)
2 EL Puderzucker oder Reissirup
5 EL Wasser

Außerdem

Öl zum Bestreichen der Backform
Zusätzlicher veganer Honig zum Bestreichen des Kuchens
2 EL Trockenfrüchte (Rosinen, Cranberries etc.)

1. Die Pflanzenmilch zusammen mit der Margarine, dem Honig, den zerstampften Bananen, Mohn und dem Saft sowie den Zesten der Orange und Zitrone in einen Topf geben und bei niedriger Temperatur erwärmen, bis die Margarine geschmolzen, die Pflanzenmilch aber noch nicht heiß ist.
2. Das Mehl zusammen mit Zucker, Salz, Backpulver, Zimt- und Nelkenpulver in eine Rührschüssel geben und die Milch-Margarine-Bananen-Mohn-Mischung (diese darf maximal lauwarm sein!) hinzugeben. Alles zu einem glatten Teig verarbeiten.
3. Die Walnüsse hacken und zusammen mit den Rosinen unter den Teig heben. Diesen dann auf einem mit Backpapier ausgelegten Backblech verteilen.
4. Damit anschließend das Topping gut haftet, einen »Mehlkleister« herstellen: Hierzu einen Esslöffel Mehl mit zwei EL Puderzucker (oder Reissirup) sowie fünf Esslöffeln Wasser klümpchenfrei verrühren, auf der Oberfläche der Kalyta verstreichen und direkt das gewünschte Topping (Walnüsse und/oder Mohn) darüber streuen.
5. Im Anschluss bei 150 °C für 25 bis 30 Minuten im vorgeheizten Ofen bei Umluft backen und nach 25 Minuten regelmäßig den Backfortschritt überprüfen.
6. Die fertige Kalyta aus dem Ofen nehmen, noch heiß mit veganem Honig beträufeln und die Trockenfrüchte darüber streuen.

* Vegane Honigalternativen kann man recht schnell und einfach selbst zubereiten. Man benötigt für 3 Honiggläser zwei Handvoll Blüten (z. B. Löwenzahnblüten, Holunderblütendolden etc.) oder essbare Blumen (z. B. Gänseblümchen, Ringelblume etc.), 750 ml Wasser, 1 kg Zucker sowie den Saft von 2 Zitronen. Die Blüten mit dem Wasser 10 Minuten leicht köcheln lassen, dann das Blütenwasser auskühlen lassen und durch ein Sieb seihen. Den Zucker in einem Topf zusammen mit dem Zitronensaft bei niedriger Temperatur erhitzen und karamellisieren lassen. Den karamellisierten Zucker mit dem Wasser aufgießen und so lange einkochen, bis die gewünschte Konsistenz erreicht ist. Abschließend in Gläser abfüllen und abkühlen lassen.

Nussbruch

Zubereitungszeit: 25 Minuten

Für den Teig:
150 g Pflanzenmilch (z. B. Hafer- oder Sojadrink)
50 g veganer Joghurt
200 g Margarine
200 g Mehl (Type 405)
1 leicht gehäufter TL Backpulver (4 g)
Prise Salz

Für den Belag:
200 g gemischte Nüsse nach Wahl (ungeröstet/ungesalzen)
100 g Zucker
50 g Margarine
50 g Apfelsaft
20 g Zimt (Ceylon)

1. Die Pflanzenmilch zusammen mit der Margarine und dem Joghurt in einen Topf geben und bei niedriger Temperatur so lange erwärmen, bis die Margarine geschmolzen ist, die Pflanzenmilch und der Joghurt aber noch nicht heiß sind.
2. Das Mehl zusammen mit Backpulver und einer Prise Salz in eine Rührschüssel geben und die Milch-Margarine-Joghurt-Mischung (diese darf maximal lauwarm sein!) hinzugeben. Alles vermischen und flach (ca. 1 bis 1,5 cm) auf ein mit Backpapier ausgelegtes Backblech streichen.
3. Im Anschluss die Nüsse für den Belag karamellisieren: Hierfür den Zucker in einer Pfanne hell karamellisieren. Anschießend die Margarine hinzugeben und mit dem karamellisierten Zucker verrühren. Währenddessen die Nüsse grob hacken. Sobald die Margarine gänzlich geschmolzen ist, gehackte Nüsse hinzugeben und mit dem Apfelsaft ablöschen. Den Zimt hinzugeben, umrühren und die Flüssigkeit unter Rühren einreduzieren lassen, bis ein zähflüssiges Karamell entsteht.
4. Das Nuss-Karamell auf den Teig geben und leicht andrücken. Im Anschluss für 25 bis 30 Minuten bei 140 °C Umluft backen (je nach Ofen). Nach 25 Minuten regelmäßig den Backfortschritt überprüfen.

Backpulver statt Hefe verwenden: Backpulver ersetzt die Triebkraft von Trockenhefe eins zu eins. Will man also in einem Rezept Trockenhefe durch Backpulver ersetzen, verwendet man dieselbe Menge an Backpulver wie Trockenhefe im Rezept. In Bezug auf Frischhefe gilt: Ein Würfel Frischhefe (42 g) kann durch 14 g Backpulver (ca. 2 leicht gehäufte Teelöffel) ersetzt werden. Allerdings liefert es nicht denselben Geschmack. Will man eine ähnliche, leicht säuerliche Note erzielen, kann man einen Teil der Flüssigkeit durch veganen Joghurt ersetzen.

Tipp

Eine Prise Salz in einem süßen Teig oder Dessert hat einen vergleichbaren Effekt wie eine Prise Zucker in einem salzigen Teig oder Gericht. Es verstärkt die Geschmacksempfindung und lässt uns den Geschmack des jeweiligen Gerichts intensiver wahrnehmen.

Schokoladenkekse

Zubereitungszeit: 15 Minuten

150 g vegane Schokolade (mind. 55 % Kakaoanteil)
150 g Margarine
2 Bananen
250 g Mehl (Type 405)
125 g Puderzucker
40 g Kakao
Saft und Zesten von einer Orange
Prise Salz

1. Die Schokolade fachgerecht schmelzen.* Wenn die Schokolade zu schmilzen beginnt, die Margarine klein würfeln, zur Schokolade geben und unter Rühren beides schmelzen.
2. Währenddessen die Bananen in eine Schüssel geben und mit einer Gabel zerdrücken.
3. Anschließend Schale der Orange mit einem Zestenreißer (alternativ Gemüseschäler) dünn abschälen und fein hacken. Den Saft auspressen und zur geschmolzenen Schokolade-Margarine-Mischung geben.
4. Orangenzesten, Mehl, Puderzucker, Kakao, Salz sowie die geschmolzene Schokolade-Margarine-Orangensaft-Mischung zum Teig hinzugeben und gut verkneten, bis ein fluffiger Teig mit einer Konsistenz wie ein sehr dicker Joghurt entsteht.
5. Den Ofen auf 150 °C bei Umluft vorheizen, ein Backblech mit Backpapier auslegen und darauf kleine Kekshäufchen mit je einem gehäuften Esslöffel Keksmasse verteilen.
6. Die Schokoladenkekse für 15 bis 18 Minuten backen. Nach 15 Minuten regelmäßig den Backfortschritt überprüfen.

* **Schokolade richtig schmelzen:** Um Tafelschokolade zu schmelzen, diese niemals direkt im Topf auf dem Herd erhitzen, weil sie dabei zu leicht verbrennen würde. Die Schokolade sollte zum Schmelzen nie direkten Kontakt mit der Hitzequelle haben, sondern in einem Gefäß über Dampf geschmolzen werden. Hierfür einen Topf ca. 3 bis 4 cm hoch mit Wasser befüllen und dieses erhitzen. Das Wasser muss hierfür nicht kochen. Bis das Wasser erhitzt ist, die Schokolade fein hacken und in eine passende Metallschale geben, die in den Topf passt, aber groß genug ist, dass sie am Topfrand hängen kann und so keinen direkten Kontakt mit dem Wasser hat. Die Schokolade im Anschluss unter ständigem Rühren schmelzen lassen. Tipp: Wenn man keine passende Metallschüssel zur Hand hat, kann auch ein zweiter, kleinerer Topf verwendet werden, dessen Griffe dann verhindern, dass er zu tief in den größeren Topf sinkt.

Tipp

Sehr gut passt ein wenig Kirsch- oder Orangenmarmelade zu den Schokoladenkeksen. Diese kann wahlweise entweder separat in einem Schälchen zu den Keksen serviert werden oder 5 Minuten vor dem Ende der Backzeit auf die Oberfläche der Kekse gestrichen und 5 Minuten mitgebacken werden. Durch das Mitbacken dickt die Marmelade ein und erhält eine angenehm zähe Konsistenz.

Nussmakronen

Zubereitungszeit: 25 Minuten

85 g Aquafaba (▸ S. 61)
35 g Zucker
100 g gehobelte Mandeln
50 g Walnüsse
50 g Trockenfrüchte
(z. B. Rosinen, Cranberries etc.)
½ TL Zimt (Ceylon)

Optional: weitere Gewürze wie 1 Messerspitze Kardamom und/oder das Mark einer Vanilleschote

1. Aquafaba mit Zucker in einer Schüssel aufschlagen.
2. Die Nüsse und Trockenfrüchte grob hacken, zusammen mit dem Zimt in die Schüssel zum Aquafaba geben und unterheben.
3. Den Ofen auf 150 °C Umluft vorheizen, ein Backblech mit Backpapier auslegen und je einen Esslöffel Nussmasse pro Makrone auf das Blech geben.
4. Die Nussmakronen für insgesamt 18 bis 20 Minuten bei 150 °C Umluft backen. Nach 10 Minuten Backzeit Makronen wenden und für die restliche Backzeit zurück in den Ofen geben. Nach 15 Minuten regelmäßig den Backfortschritt überprüfen.

Tipp

Beim Aufschlagen von Eischnee ist der richtige Zeitpunkt zur Zugabe des Zuckers von höchster Bedeutung für das Endergebnis. Für das perfekte Ergebnis sollte man das Aquafaba ohne Zugabe von Zucker leicht fest schlagen (nur etwas schaumig), dann den Zucker nur löffelweise hinzugeben und weiter aufschlagen. Gibt man zu Beginn der Aquafaba-Schnee-Produktion den gesamten Zucker dazu, wird die Masse nicht richtig fest. Wenn man am Ende alles auf einen Schlag dazu gibt, fällt der Schnee zusammen. Es sollte stets Puderzucker und nicht Kristallzucker verwendet werden.Pro Dose Kichererbsenwasser (120 g) kann man mit 50 g Puderzucker rechnen, daher wurden hier bei 85 g benötigtem Aquafaba 35 g Puderzucker verwendet. Weitere Tipps zum optimalen Umgang mit Aquafaba gibt es auf S. 61.

Mini-Hafer-Pfannkuchen mit Aprikosen

Oladky

Zubereitungszeit: 20 Minuten

Für die Oladky

300 g Hafermehl (alternativ im Standmixer fein zerkleinerte Haferflocken)
250 g veganer Joghurt (z. B. Haferjoghurt)
20 g Mineralwasser mit Sprudel
120 g Aquafaba (▸ S. 61)
50 g Puderzucker
Prise Salz

Für die Aprikosen

6 Aprikosen
40 g Zucker
20 g Margarine
75 g Weißwein (alternativ 75 g Apfelsaft + 1 TL Apfelessig)
2 Zweige frischer Thymian
2 Zweige frische Minze
Prise Salz

Außerdem: Puderzucker und Minze zum Garnieren

1. Das Hafermehl in eine Schüssel geben. Sofern kein Hafermehl vorhanden ist, auf Haferflocken zurückgreifen und diese in einem Standmixer auf höchster Stufe sehr fein mahlen.
2. Joghurt und Mineralwasser zum Hafermehl geben und verrühren bis, ein homogener Teig entsteht.
3. Aquafaba fachgerecht mit Salz und Puderzucker aufschlagen und wie Eischnee unter die Masse heben.
4. Die Oladky-Masse mit einem großen Löffel (oder 2 EL) klecksweise in die Pfanne geben, goldgelb auf beiden Seiten braten und warmstellen, bis die karamellisierten Aprikosen fertig sind.
5. Die Aprikosen halbieren und entsteinen.
6. Den Zucker in einer Pfanne hellbraun karamellisieren. Anschießend die Margarine hinzugeben und mit dem karamellisierten Zucker verrühren, bis sie sich auflöst. Sobald die Margarine gänzlich geschmolzen ist, die Aprikosen mit der Schnittseite nach unten in das Karamell geben. Mit Weißwein ablöschen und unter leichtem Schwenken der Pfanne (so dass die Aprikosen auf der Schnittstelle bleiben) die Flüssigkeit einreduzieren lassen, bis ein zähflüssiges Karamell entsteht. Während der Einreduktion der Flüssigkeit die Thymianblätter mit dem Messer vom Stängel schaben, die Minzblätter zupfen und hacken und die beiden Kräuter zusammen mit einer Prise Salz in die Pfanne geben.

Süße Crepes mit Quarkfüllung

Nalysnyky

Zubereitungszeit: 30 Minuten

Für den Teig
250 g Mehl (Type 405)
2 EL Zucker
1 gestrichener TL Backpulver (5 g)
400 g Pflanzendrink
(z. B. Hafer- oder Sojamilch)
Prise Salz
Öl zum Braten

Für die Füllung
100 g vegane weiße Schokolade
20 g Margarine
40 g Zucker
1 reife Mango
15 g Dill
50 ml Mangosaft
5 g Maisstärke
Mark einer Vanilleschote
200 g veganer Quark

1. Alle Zutaten für den Teig zusammenrühren, die Crêpes in einer leicht mit Öl benetzten beschichteten Pfanne backen und warm stellen.
2. Für die Füllung das Fruchtfleisch der Mango aus der Schale lösen, vom Kern befreien, in feine Würfel schneiden, zur Seite stellen und den Dill fein hacken.
3. Schokolade fachgerecht schmelzen (▸ S. 165) und währenddessen den Zucker in einer Pfanne hellbraun karamellisieren.
4. Sobald der Zucker karamellisiert ist, die Margarine hinzugeben und im karamellisierten Zucker verrühren, bis sie sich auflöst. Wenn die Margarine gänzlich geschmolzen ist, die Mangowürfel in das Karamell geben.
5. Die Maisstärke in den Mangosaft einrühren und damit das Karamell ablöschen. Umrühren und die Flüssigkeit unter Rühren 2 Minuten köcheln lassen, bis ein zähflüssiges Karamell entsteht.
6. Den gehackten Dill und das Mark einer Vanilleschote hinzugeben, die Hälfte der karamellisierten Mango (den Karamellsaft überwiegend für die andere Hälfte übriglassen) zusammen mit der geschmolzenen Schokolade und dem Quark verrühren, die Crêpes damit füllen und diese einrollen.
7. Die gefüllten Crêpes anrichten, mit der verbleibenden Hälfte der karamellisierten Mango übergießen und mit etwas gehacktem Dill bestreuen.

Kirschgrütze mit Tonkabohnen-Joghurt

Zubereitungszeit: 20 Minuten

150 g Zucker
50 g Margarine
400 g Kirschen (entsteint, tiefgekühlt)
100 g Weißwein (alternativ 80 g Apfelsaft + 1 TL Apfelessig)
5 g Speisestärke
1 gestrichener TL Zimt (Ceylon)*
200 g veganer Joghurt (wenn ungesüßt, + 30 g Puderzucker oder hellen Sirup)
1 kleine Tonkabohne**

1. Zucker in einer Pfanne hellbraun karamellisieren. Sobald der Zucker karamellisiert ist, die Margarine hinzugeben und mit dem karamellisierten Zucker verrühren, bis sie sich auflöst.
2. Wenn die Margarine gänzlich geschmolzen ist, die tiefgekühlten Kirschen in das Karamell geben.
3. Mit Weißwein ablöschen und einreduzieren lassen. In der Zwischenzeit die Maisstärke mit ein wenig Wasser klümpchenfrei einrühren und zum Karamell hinzugeben. 3 Minuten köcheln lassen und abschließend das Zimtpulver hinzugeben.
4. Die Tonkabohne in den Joghurt reiben, die Kirschgrütze auf Schälchen aufteilen und mit Tonkabohnen-Joghurt toppen.

* Im Handel wird primär **Zimt** von zwei Sorten angeboten: Cassia-Zimt und Ceylon-Zimt. Sie unterscheiden sich sowohl in Bezug auf Preis (Ceylon deutlich teurer als Cassia) als auch Aroma. Ceylon hat ein mild-süßliches Zimtaroma, wohingegen Cassia-Zimt ein intensiv-scharfes Zimtaroma aufweist. Aus gesundheitlicher Sicht ist der Cumaringehalt beider Sorten von Bedeutung. Cassia-Zimt enthält mit 1 Prozent Cumarin etwa die Hälfte des Gehalts in der Tonkabohne, während es beim Ceylon-Zimt mit 0.004 Prozent nur irrelevante Spuren sind (Blahová und Svobodová, 2012)

** Als **Tonkabohnen** werden die mandelförmigen, dunkelbraune Samen des Tonkabaumes bezeichnet, die ursprünglich aus Südamerika stammen. Das Aroma der Tonkabohne erinnert an einen intensiven Mix aus Vanille und Bittermandel und eignet sich gut zum Verfeinern von zahlreichen Süßspeisen. Die harten Bohnen werden dazu (ähnlich wie Muskatnuss) mit einer Reibe gerieben und müssen vorsichtig dosiert werden, da sie den giftigen Stoff Cumarin enthalten, der allerdings in den üblichen Verzehrmengen unbedenklich ist.

Teigtaschen mit Kirschfüllung

Süße Varenyky

Zubereitungszeit: 30 Minuten + 30 Minuten Teigruhe

Für den Teig

250 g Mehl (50:50-Mischung aus Hartweizengrieß und Weizenmehl, Type 405 oder 550)
150 ml Pflanzendrink
1 Prise Salz

Für die Füllung

100 g weiße Schokolade
20 g Margarine
40 g Zucker
100 g Kirschen (entsteint, tiefgekühlt)
50 g getrocknete Sauerkirschen (alternativ Rosinen)
50 ml Kirschsaft
5 g Maisstärke
1 TL Zimt
50 g Mandelmehl (alternativ Mandelblättchen im Mixer fein mahlen)
3 EL Kirschmarmelade
200 g veganer Quark

Optional: 30 g Kirschwasser und eine kleine geriebene Tonkabohne (ca. 1,2 g)

1. Das Mehl zusammen mit der Pflanzenmilch und einer Prise Salz zu einem Teig verkneten, den Teig mit Frischhaltefolie abdecken und 30 Minuten ruhen lassen.
2. Während der Teigruhe die Schokolade fachgerecht schmelzen (▸ S. 165) und währenddessen den Zucker in einer Pfanne hellbraun karamellisieren.
3. Sobald der Zucker karamellisiert ist, die Margarine hinzugeben und mit dem karamellisierten Zucker verrühren, bis sie sich auflöst. Wenn die Margarine gänzlich geschmolzen ist, die tiefgefrorenen Kirschen in das Karamell geben.
4. Die Speisestärke in den Kirschsaft einrühren und mit diesem (und optional Kirschwasser oder Rum) das Karamell ablöschen, Die getrockneten Sauerkirschen und Zimt hinzugeben, umrühren und die Flüssigkeit unter Rühren einreduzieren lassen, bis ein zähflüssiges Karamell entsteht.
5. Die karamellisierten Kirschen zusammen mit der geschmolzenen Schokolade, den Mandeln, der Kirschmarmelade und dem Quark verrühren und abkühlen lassen.
6. Nach der Teigruhe diesen dünn ausrollen und mit einem Wasserglas Kreise aus dem Teig ausstechen. Jeweils 1 EL der Füllung in der Mitte platzieren, zusammenklappen und die enden überlappend zusammendrücken sowie »krendeln«.*
7. Wasser aufkochen, eine Prise Salz hinzugeben und die gefüllten Teigtaschen im Salzwasser garen, bis sie an der Oberfläche schwimmen (ca. 5 Minuten).
8. Während der Garzeit der Teigtaschen die Margarine für die Brösel in einer Pfanne schmelzen, Panko, Zucker und Zimt hinzugeben und alles darin erhitzen, bis die Panko-Brösel schön knusprig sind.
9. Die Varenyky mit den Margarinebröseln toppen und optional noch mit der Kirschgrütze (▸ S. 173) als Saucenspiegel servieren.

* Für das **Falten der Teig-Enden** gibt es zig Videoanleitungen auf YouTube, wenn man den Suchbegriff »Krendeln« eingibt.

Holunder-Zitronen-Granita auf Beeren-Estragon-Salat

Zubereitungszeit: 15 Minuten

Für die Granita
400 g Zitronensaft
300 g Zucker
900 g Wasser
85 g Holundersirup

Für den Beerensalat
400 g frische gemischte Beeren (z. B. Himbeeren, Blaubeeren, Erdbeeren, Brombeeren etc.)
Saft von einer Zitrone
20 g Puderzucker
10 g frischer Estragon (gehackt)

1. Alle Zutaten in einen Topf geben und kurz aufkochen, abkühlen lassen und für eine Stunde in einem flachen Gefäß tiefkühlen.
2. Nachdem sich die ersten Eiskristalle gebildet haben (aber noch bevor die Granita ganz fest wird), die Masse mithilfe einer Gabel »aufkratzen«, sodass die Eiskristalle zerkleinert und gleichmäßig verteilt werden.
3. Anschließend die Granita erneut für eine Stunde in den Tiefkühler geben.
4. Das Aufkratzen und einstündige Einfrieren zweimal wiederholen.
5. Nach dem vierten Aufkratzen ist die Granita servierfertig. Sie schmeckt frisch am besten, kann aber auch 2 Tage im Tiefkühlschrank gelagert werden.
6. Kurz vor dem Servieren die Beeren mit Puderzucker bestreuen und verrühren, anschließend Zitronensaft und gehackten Estragon dazugeben. Auf Schälchen aufteilen und mit der aufgekratzten Granita toppen.

Sauerkirsch-Birken-Pudding mit Erdbeer-Minze-Salat

Zubereitungszeit: 15 Minuten

Für den Pudding
200 g Birkensaft*
(alternativ Apfelsaft)
25 g Maisstärke
200 g Sauerkirschsaft
50 g Zucker

Für den Erdbeersalat
200 g frische Erdbeeren
50 g Puderzucker
10 g Leinöl** (alternativ Olivenöl)
50 g Grand Manier (alternativ Orangensaft)
Saft einer Zitrone
2 Stiele frische Minze

1. Die Maisstärke in 50 g des Birkensafts klümpchenfrei anrühren.
2. Sauerkirschsaft, den restlichen Birkensaft und Zucker in einem Topf erwärmen. Noch bevor es kocht, unter ständigem Rühren den Stärke-Birkensaft einrühren, aufkochen lassen und 3 Minuten lang köcheln.
3. Noch heiß in die gewünschten Gefäße füllen und bis zum Servieren abkühlen sowie fest werden lassen.
4. Die Erdbeeren waschen, das Grün abzupfen und vierteln. Zucker, Öl, Zitronensaft und Grand Manier verrühren und die Erdbeeren darin marinieren.
5. Die frische Minze zupfen, große Blätter hacken, kleine Blätter zu Dekozwecken aufbewahren. Die gehackte Minze unter den Erdbeersalat heben, diesen auf dem Sauerkirsch-Pudding verteilen und mit den kleinen Minzblättern dekorieren.

* **Birkensaft,** auch Birkenwasser genannt, ist eine klare, farblose Flüssigkeit, die im Frühjahr aus der Birke (vor allem in ländlichen Gegenden Osteuropas, u. a. auch in der Ukraine) abgezapft wird. Der Birkensaft hat einen dezenten, leicht süßlichen Geschmack. Die Gewinnung von Birkensaft muss dabei für den Baum nicht schädlich sein, da auch über nicht-invasive Methoden wie dem Anbohren großer Äste nahe am Stamm auf der Astunterseite ebenso viel Birkenwasser wie durch das invasivere Anbohren des Stamms gewonnen werden kann.

** **Leinöl** (nicht zu verwechseln mit Leindotter-Öl) wird aus Leinsamen gewonnen, riecht bei guter Qualität würzig krautig (fischiger Geruch weist auf schlechte Qualität hin!), schmeckt leicht nussig (mindere Qualität kann bitter sein) und ist bei Kaltpressung goldgelb in der Farbe. Es sollte nach dem Öffnen stets im Kühlschrank gelagert und innerhalb von 3 bis 4 Wochen aufgebraucht werden. Leinöl kann portionsweise in Eiswürfelformen eingefroren und so bis zu 4 Monate haltbar gemacht werden. Sobald es fischig oder ranzig riecht, sollte Leinöl nicht mehr zum Essen verwendet werden, kann aber weiterhin zur Holzpflege dienen. Aufgrund seiner sensiblen Omega-3-Fettsäuren sollte Leinöl niemals zum Kochen oder Braten, sondern nur für die kalte Küche bzw. zum Finalisieren von Speisen am Teller verwendet werden.

intensiū

Kristjan Bratec, Inhaber und Gastgeber des Restaurants Intensiū in Hilden und **Lukas Jakobi,** Küchenchef und Mastermind hinter der kulinarischen Handschrift des Restaurants, bilden ein souveränes Duo und zeigen mit ihrer zu 50 % veganen Menülinie, dass vegan alles andere als Verzicht bedeutet.

Im ersten Jahr nach der Eröffnung wurde das Intensiū u. a. mit 2 roten Hauben des Gault Millau, 3,5 Kochlöffeln des Schlemmer-Atlas sowie 7 Pfannen des Gusto Gourmetführers ausgezeichnet. Letzterer kührte Lukas außerdem zum »Newcomer des Jahres« und schrieb über seine Küche: »Lukas Jakobi [...] hat mit seinen sehr spannenden und erfreulich unkonventionellen Tellern sogar schon jetzt das Potenzial für eine noch höhere Bewertung aufblitzen lassen! Die sympathisch frech und ›punkig‹ daherkommenden Teller und Schüsseln [...] gibt es im stylisch modernen Ambiente seiner Wirkungsstätte bei groovenden Beats in Form zweier unterschiedlicher Menüs, von denen eines rein vegetarisch [sogar stets rein vegan; Anm. d. Verf.] ist. Lukas Jakobi lässt seine Gerichte zwar zupackend und durchaus fordernd wirken, schießt damit aber nie zu forsch übers Ziel hinaus. Vielmehr bleibt er auch bei voll aufgedrehtem Powerlevel souverän im geschmackssicheren und mehrheitsfähigen Bereich und schafft damit gleichsam originelle wie harmonische Erlebnisse«.

Mehr Einblicke in die Arbeit von Küchenchef Lukas gibt es auf seinem Instagramprofil **@ lukasjakobi_** und mehr Informationen zum Intensiū stehen unter **www.monopol-intensiu.de/restaurant-intensiu** zur Verfügung.

Rittenau/Schönfeld/Winters
Vegan ist Unsinn!
Populäre Argumente gegen den Veganismus und wie man sie entkräftet

Niko Rittenau
Vegan-Klischee ade!
Wissenschaftliche Antworten auf kritische Fragen zu pflanzlicher Ernährung

Niko Rittenau / Sebastian Copien
Vegan Low Budget
Großer Geschmack zum kleinen Preis

Niko Rittenau (Hg.) / Flaex / Flo Hillen
VEGAN EP
Musik-CD

Melanie Joy
Warum wir Hunde lieben, Schweine essen und Kühe anziehen
Eine Einführung in den Karnismus

Friederike Schmitz
Anders satt
Wie der Ausstieg aus der Tierindustrie gelingt

Matzka/Engelmann
Vegane Eltern – junges Gemüse
Handbuch für den veganen Familienalltag

Lorena Palombo
Vegan im Van
Freiraum für Genuss & Kreativität

Katrin Schäfer / Daniel Roth
RUN VEGAN
Training, Ernährung, Rezepte
Das Handbuch von beVegt.de

ventil

edition KOCHEN OHNE KNOCHEN

www.ventil-vegan.de